贝壳鉴赏与收藏入门

赵一凡　编著

Shell

重庆大学出版社

内容提要

本书从玩赏的角度介绍贝壳收藏，主要分为四大部分。第一部分概谈贝壳收藏的源起发展及其特点和意义。第二部分介绍了收藏贝壳的几个主要途径，有海贝、陆贝、淡水贝的采集，着重介绍了从网络上收集贝壳的方法及风险防范。第三部分分享了对新鲜贝壳的处理、藏品的存放和养护的方法。第四部分介绍了贝壳的各种逸闻趣事、人物掌故，还有对贝壳收藏内涵的一些文化思考。

本书图文并茂，共有插图数百张，其中所展示的精美贝壳标本有400余种。对贝壳收藏的爱好者，是一本很好的入门指引。

图书在版编目(CIP)数据

贝壳鉴赏与收藏入门 / 赵一凡编著. — 重庆：重庆大学出版社，2014.12（2022.11重印）
ISBN 978-7-5624-8690-9

Ⅰ.①贝… Ⅱ.①赵… Ⅲ.①贝类—鉴赏—中国②贝类—收藏—中国 Ⅳ.①G894

中国版本图书馆CIP数据核字（2014）第272010号

贝壳鉴赏与收藏入门
赵一凡 编著
责任编辑：屈腾龙 版式设计：博卷文化
责任校对：邹 忌 责任印制：张 策
*
重庆大学出版社出版发行
出版人：饶帮华
社址：重庆市沙坪坝区大学城西路21号
邮编：401331
电话：（023）88617190 88617185（中小学）
传真：（023）88617186 88617166
网址：http：//www.cqup.com.cn
邮箱：fxk@cqup.com.cn（营销中心）
全国新华书店经销
重庆升光电力印务有限公司印刷
*
开本：787mm×960mm 1/16 印张：8.25 字数：100千
2015年3月第1版 2022年11月第3次印刷
ISBN 978-7-5624-8690-9 定价：38.00元

序

INTRODUCTION

我和赵先生（拾贝者）相识是很早在网上的一个贝壳论坛里，知道他是广西海边的，能收到一些南海的螺。大致在2005年底，他到上海会贝友，也到了我当时在上海徐家汇的那个小展示间。他拿出的广西陆贝让我很兴奋，这说明他自己采集贝壳，而不是一般的“二道贩子”。我意识到，我又多了一个志同道合者。在此后的交往中，我们的相互了解越来越深。

现在大家看到的这本书，并不是一般的学术专著，而是一本收藏指导书。书中涉及的许多知识非常实用，诸如如何采集、如何参与拍卖、如何进行藏品交换等的介绍都非常细节化，读者完全可以照着它操作。我要向读者说的是，这是一个资深收藏者宝贵经验的和盘托出，谢谢赵先生和大家分享。

贝壳收藏是志趣类的收藏，它引领收藏者接触自然科学和文史典故，它让收藏者变得有趣、充实和富有内涵。但和其他收藏一样，这一行也有一定的门槛。这本书正是带领读者跨越这道门槛，值得每一个初入门的人仔细研读。对已经有一定收藏经验的朋友们，这也是一本开卷有益的贝壳类读物。

何 径

2014年11月

何径先生是中国贝壳学家，上海冈瓦纳自然博物馆创建者，1991年毕业于上海交通大学生物科学与技术系，1994年在清华大学获硕士学位。现为职业贝壳学家，收藏有贝壳近8 000种。出版有《贝壳采集鉴定收藏指南》和*Freshwater Bivalves of China*，主编*Shell Discoveries*杂志。

Shell

贝壳鉴赏与收藏入门

CONTENTS
目　录

CONTENTS

目　录

四　贝壳的处理与存放

五　贝壳收藏的工具书

六　贝壳收藏的类型和风格

七　贝壳收藏的逸闻趣事

CONTENTS

目 录

Shell

贝 壳 鉴 赏 与 收 藏 入 门

1. 婆罗湾涡螺　2. 海草海扇蛤　3. 半彩凤螺　4. 东方宝螺　5. 玉米卷管螺　6. 朱迪骨螺
7. 虎斑宝螺　8. 漩涡峨螺　9. 两栖蜗牛　10. 雨丝宝螺　11. 小犁骨螺　12. 黄滑狐蛤
13. 旋塔峨螺　14. 天王宝螺　15. 火把涡螺　16. 粗腰钟螺　17. 帅旗骨螺　18. 棋盘宝螺
19. 龙宫翁戎螺　20. 圆蝾螺　21. 兰福宝螺　22. 杉本芋螺　23. 秀峰文蛤　24. 依莎玛氏涡螺
25. 黄金宝螺　26. 变色两栖蜗牛　27. 宏凯翁戎螺　28. 光泽鬘螺　29. 鱼鳍骨螺　30. 鳞片海扇蛤
31. 长刺星螺（畸形）32. 非常两栖蜗牛　33. 日本花仙螺　34. 美肋蛹笔螺　35. 大犁骨螺

1. 查理笔螺　2. 菲策芋螺　3. 樱井宝螺　4. 云斑宝螺　5. 爱丽斯骨螺　6. 丽珠钟螺
7. 糊斑宝螺　8. 珊瑚涡螺　9. 紫罗兰芋螺　10. 金橄榄芋螺　11. 花棘蝶螺　12. 玫瑰红芋螺
13. 红翁翁戎螺　14. 中途岛宝螺　15. 左旋香螺　16. 蝎螺　17. 旋塔峨螺　18. 骨螺
19. 麦克宝螺　20. 金蛹宝螺　21. 百肋杨桃螺　22. 石鳖　23. 绿瓜蜗牛　24. 赵氏蜗牛
25. 三翼骨螺　26. 金星宝螺　27. 印度海之荣光芋螺

1. 王子芋螺　2. 绳纹峨螺　3. 斜肩王子涡螺　4. 斑克氏千手螺　5. 白笔螺　6. 卢娜海兔螺　7. 黄金蜘蛛螺　8. 假长旋峨螺　9. 小千手螺　10. 中国海大锉蛤　11. 粗梨香螺　12. 小船海兔螺　13. 秘鲁凤凰螺　14. 密刺骨螺　15. 可爱皱螺　16. 帕罗骨螺　17. 黑田鬘螺　18. 字码芋螺　19. 杜达尼笔螺　20. 三彩捻螺　21. 肉唇象法螺　22. 锦花海扇蛤　23. 明星海扇蛤　24. 红牙笔螺　25. 耸肩扭法螺　26. 圣地亚哥扇蛤

1. 春莺雪花涡螺　2. 粉红海扇蛤　3. 海军上将芋螺　4. 贵妃芋螺　5. 澳洲花鹿宝螺
6. 狮爪海扇蛤　7. 巴西芋螺　8. 皇冠拳螺　9. 厚壳鹑螺　10. 紫口芋螺　11. 粗肋算盘蛤
12. 木下芋螺　13. 白口蛾螺　14. 鸡心蛤　15. 芮氏蝾螺　16. 艳红芋螺　17. 阿祖海兔螺
18. 菲拉拉蛹螺　19. 西印度榧螺　20. 腊宝宝螺　21. 玛瑙螺（左旋）22. 布莱氏海狮螺
23. 雪花芋螺　24. 黄贻贝　25. 玫瑰泡螺　26. 深闺芋螺　27. 寺町翁螺　28. 皱纹棘冠螺
29. 奇异扭颈螺　30. 凸头海扇　31. 大杨桃螺　32. 玉女芋螺　33. 血色海菊　34. 伽玛蛹螺
35. 金笋涡螺　36. 圆蛹螺　37. 阿哥宝螺　38. 广口齿口螺　39. 纹身芋螺　40. 黑痣宝螺

1. 皮氏蜘蛛螺　2. 小金龟车宝螺　3. 中华芋螺　4. 牛角凤凰螺　5. 华氏谷米螺　6. 染料骨螺
7. 荣套扇贝　8. 梨形环口螺　9. 灰鬘螺　10. 中安花仙螺　11. 火把涡螺　12. 赤拳凤凰螺
13. 清晰宝螺　14. 赤金涡螺　15. 卡氏杨桃螺　16. 华丽涡螺　17. 章鱼千手螺　18. 白兰地涡螺
19. 多角长旋螺　20. 黑线车轮螺（畸形）　21. 白兰地骨螺　22. 钢丝涡螺　23. 间格蛹笔螺

1. 红皱岩螺　2. 尖头涡螺　3. 皱纹盘鲍　4. 六角骨螺　5. 雀斑谷米螺　6. 子弹芋螺
7. 旋梯螺　8. 巴比伦卷管螺　9. 穆克拉弹头螺　10. 高贵皱螺　11. 展翼骨螺　12. 白海菊蛤
13. 平濑芋螺　14. 平滑鲍螺　15. 白檀宝螺　16. 龙骨骨螺　17. 黑管螺　18. 参议员海扇
19. 角翼芭蕉螺　20. 厚壳海菊蛤　21. 红笋螺

一

新兴的贝壳收藏

CHAPTER ONE

爱美之心人皆有之。

许多人也许根本想象不到，平时并不起眼的小小贝壳，原来竟是如此美丽动人，如此丰富多彩，如此地让人感到不可思议！那色彩，那纹理，那构造，那图案，这些大自然的鬼斧神工奥妙造化，哪样不让人赏心悦目，陶醉其中！这些天然的艺术瑰宝，就是大海之宝石，自然之精灵，生命之见证！

生命是美丽的，贝壳收藏让我们感觉到这句话的正确无误。生活是美好的，贝壳收藏让我们感觉到这句话的真切实在。贝壳收藏，浅了说，是一种嗜好，深了说，就是一种生活方式。它能激发你对大自然的兴趣，对科学的热爱，从而形成自觉的环保意识，关注我们地球的生态平衡，这将有利于人类子孙万代的发展。

这里要介绍的就是这么一门充满现代魅力的新兴收藏——贝壳收藏。

贝壳收藏的发源和兴起

在20世纪90年代初的一天，一名中年台湾商人拎着一个沉甸甸的皮箱登上了厦门鼓浪屿。这并不是一名普通的游客，他的皮箱里塞满了各种各样离奇古怪的贝壳，有的像子弹，有的像蝎子，有的像陀螺，有的像猪仔……连在海岛上生活了大半辈子的小店老板也是头一回如此大开眼界。敏感的小店老板知

贝壳商场一角

1. 唐冠螺　2. 鹦鹉螺
3. 大法螺　4. 万宝螺

道可能有大买卖要做了，热情地招呼着闯进店来的这位客人。果然，台湾商人开门见山，让他这个销售一些旅游贝壳工艺品的小老板来销售这些贝壳。但一听价格，小老板眼珠子瞪得像个灯泡。台湾商人耐心解释，这些贝壳叫标本贝，是专门作收藏用的，那些做工艺品的贝壳跟这没法比，是废品利用，当然不值钱了。贝壳收藏外国人都玩了两三百年了，现在热得很。大陆不是在开放吗，很快就会热到这儿来的。抱着试试看的态度，小店老板终于接了这第一批货。

从此，国外及中国台湾标本贝的货源源源不断地从这条渠道流进了中国内陆。贝壳收藏的概念也得到了传播。当时正适中国大陆旅游业的蓬勃发展，一些可作家庭摆设的大型贝壳及贝壳工艺品相当畅销，以福建厦门、广东电白和海南琼海三地为集散地，向北京、上海、广州、北戴河等地扩散，贝壳市场非常红火。

所谓的“中国四大名贝”——唐冠螺（*Cassis cornuta*

L.1758）、凤尾螺（*Charonia tritonis* L.1758）、鹦鹉螺（*Nautilus pompilius* L.1758）、万宝螺（*Cassis rufa* L.1758）就是那个时候成名的。

历史研究表明，在人类之前，灵长类动物就已学会将软体动物作为食物来源之一。而贝壳收藏，作为现代贝类学的先驱，应该说自有人类和海滩出现的时候就有了。考古发现，在石器时代就有了海贝做成的项链，而从发现的地点远离大海这点表明，那时已有了类似贸易的活动。在美国阿兹特克废墟、印度河谷以及中国的古墓等考古发掘中，都发现有贝壳做成的首饰。

欧洲文艺复兴时期，人们开始对收集漂亮的自然物体产生兴趣，王室贵族派人四处搜罗，甚至不惜重金购买，竞相建立奇珍收藏室相互炫耀。贝壳，因其美丽，种类繁多，坚固耐存而深受人们的青睐。当时的殖民贸易和探险，不仅运来了香料和茶叶，还带来了来自异国海域的美丽贝壳。每次远洋船只返航时，贝壳商人都会等在码头上，争夺新的贝壳，它们成为富人和皇室私人博物馆的珍藏。这股对收藏贝壳的狂热，甚至超过了对艺术画家作品的追求，在拍卖会上，一枚贝壳的成交价远比一幅名画的价格高出许多的事情屡见不鲜。到了17世纪末，人们才开始将对贝壳的兴趣，由其漂亮的外表转移到了其科学价值上。马丁·理斯特（Martin Lister）1685—1692年出版了世界上第一本综合性的贝类学教科书《贝类学历史》（*Historia Conchyliorum*）。其后，乔治·兰菲（George Rumpf）1627—1702年出版了第一本软体动物词典。他的许多提法后来都被林奈（Carolus Linnaeus）所采用。

林奈

在动物学（包括贝类学）研究领域里取得突破性重大发展的历史人物，当属瑞典的自然科学家林奈（1707—1778）。他创立了“林奈双名命名体系”，用这套系统，总共命名了约

4 000种动植物种类。从这个时候开始，现代意义上的贝壳收藏产生了。

贝壳收藏的特点和意义

人总是有嗜好的。喜欢收藏，就是一个良好的嗜好。

按收藏的对象来区分，收藏可分为两大类：人文收藏和自然收藏。

凡是和人类文化活动发展相关的种种收藏，就是人文收藏，如古董文物、文房四宝、钱币、邮票、陶器、字画、鼻烟壶、有价证券等。

自然收藏则是指自然界存在的各种物质标本的收藏，如化石、奇石、宝石、植物、昆虫、琥珀、海洋生物、动物骨骼等。贝壳收藏也属自然收藏，贝壳实质就是软体动物的外骨骼。

人文收藏和自然收藏虽然同为收藏，却有着各种不同的特点。

人文收藏侧重反映的是人类文化活动的渊源和变迁，自然收藏反映的是自然界物种的种类和分布。一个反映人类社会内部的变化，一个反映人类社会外部的变化。

怡情和陶性，是所有收藏能给收藏者带来的主要好处，其次是增加见识，丰富生活。不同的是，由于人文藏品的不可再生性，它还具有保值和增值的功能。年代越久远，数量越少，增值空间越大。这一功能目前已被一些投机家看中，资本进入了这一领域，某些品种的价格随之大幅飙升，收藏也成了一种所谓的高端投资，这种嬗变对传统的收藏到底是祸是福，时间自会给出答案。而自然收藏，因为藏品来自大自然，资源丰富，除了极少可能灭绝的物种，不存在供给不足的问题，也就没有了投机家兴风作浪的空间（当然不会绝对排除某些品种潜

左图：各种陆贝（蜗牛）
（图片来源：互联网）
右图：各式宝螺
（图片来源：台湾贝友孙医生）

在的升值空间）。所以，只有真正喜欢科学、热爱自然的人，才会投入到自然收藏的行列中来。

除了以上这些，贝壳收藏本身还有哪些特点呢?

贝壳收藏具有极高的观赏价值和极强的美学感染力，可以极大丰富和美化我们的生活。

贝壳收藏资源丰富，获得容易，富有成就感。世界上已知的软体动物超过11万种，是所有动物中除了昆虫纲以外的第二大种群，江河湖海高山平原均有它们的踪迹，有的还和人们的日常生活息息相关。只要有心，几年下来收藏个三五百件不成问题。

对生物家来说，贝壳收藏有着极大的科学研究价值。

科学家认为，蛤、蚌、蜗牛等软体动物提供的多种氨基酸营养，在人类大脑的进化中扮演了重要角色。有一种新兴镇痛药物是用杀手芋螺的毒液制成，这种毒液是由多达200种缩氨酸组成。但这种名为Prialt的新药物就是研究者利用其中一种毒性缩氨酸合成，起到钙通道阻滞剂的作用，通过干扰脊髓中神经细胞间信号的办法阻断痛感的传递。

在生物链的链条上，任何动物都是捕食或者被捕食的关系。要在中间作出选择，正是贝壳最初在5亿年前进化出来的原因之一。贝壳的基础建材——钙——是海水的一个主要组成成分，把它变成房子具有明显的保护优势。于是，甲壳类动物很快从简陋被动的藏身之处搬出来，进化出一系列令人眼花缭乱的外壳。线条、隆起、皱褶、锯齿和粗厚的边缘——所有这一切都是为了使掠食者的入侵变得更困难。软体动物们建造贝壳的热潮是如此普遍，以至于其开发利用碳酸钙的活动可能改变了地球的气候，帮助创造了相对温和的气候条件，最后进化出了人类。

贝壳收藏不仅愉悦自己的身心，还可以让周围的亲朋好友分享到快乐。同时，贝壳收藏还有很大的社会意义。

贝壳收藏之所以能席卷整个欧洲大陆，是与当时的博物学蓬勃发展密不可分的。博物学是叙述自然，即动物、植物和矿物的种类、分布、性质和生态等最古老的学科之一，是一门内涵丰富的综合性学科。从教育的角度出发，如今的博物学其意义不在于培养什么博物学家，更在于提高学生的基本素质，使他们了解大自然，热爱与理解生命及其多样性，从而在年轻时就给他们注入一种现代的科学与人文精神。因此可以说，贝壳收藏正是培养和提高我国国民科学素养最直接、最有效的手段之一。丰富的贝壳藏品就是一种很好的科普教育工具，使更多的人，尤其是少年儿童，认识贝类的魅力与价值，从小就培养

贝壳展览
[图片来源：Jacek Glanc（波兰）]

出热爱自然的浓厚兴趣，形成保护环境的强烈意识，使我们的地球家园永远保持和谐美丽。

2010年的第八次中国公民科学素养调查结果显示，全国依然有约97%的公民缺乏基本的科学素养，这个状况确实令人震惊。这不由得让我们想起了当年中国的义和拳以为靠几句咒语就可用血肉之躯去抵挡洋人的坚船利炮这个百年笑柄，如今一百多年过去了，而我们国民具有科学素养的人口比例仍如此之低，不能不说是科普教育的严重缺失。因为在科学技术正日益影响我们生活的今天，国民科学素养的高低，绝不是无关紧要的，而是决定了现代社会中人们的生活质量，同时也在不断影响和改变国民的价值观和世界观。政府的任何与科学技术有关的政策都要在公众理解基础上才能实现决策的民主化和公开化。公众科学素养的提高关乎我们的综合国力。

贝壳收藏，既是兴趣收藏，也是科学收藏，是人们体验大自然最便捷、最有趣的途径。它让你在满足精神愉悦的过程中，自然而然就学会了许多生物科学知识，掌握了一定的科学过程和方法。这些，对一个人科学素养的养成和提高，无疑都是大有裨益的。

标本贝与商业贝

收藏贝壳，必须要搞清楚标本贝（specimen shell）和商业贝（commercial shell）的区别。

标本贝与商业贝，是国内外贝壳行业里的一种区分。从理论上讲，任何一种贝都可作为一枚标本来收藏，但是，并不等于说你收藏的每一枚贝都是标本贝。前面提到过，人类对贝壳的认识和利用很早就有了。近代由于人们在这方面需求的不断扩大，以及贝壳获得和加工手段的逐步提高，大量的贝壳商品就出现了。像贝壳做的纽扣、工艺品、装饰品、一些日常生活用品等。这些大批量的以作原材料为用途的贝壳，就是所谓的商业贝。

用贝壳做成的各种饰品

标本贝的发端当然是始于软体动物学家们对科研学术的需要。到后来，越来越多的人发现了贝类的美丽与魅力，收藏标本贝慢慢地在全世界风靡起来。但是标本贝的收藏对个人来说，追求的不是个体的数量，而是种类的数量。所以，对标本的个体要求是精益求精，对种类的要求是多多益善。这些很显然跟商业贝的质量要求是截然不同的。

标本贝的最基本要求是要保留原生态，在此基础上是品相越完美越好。商业贝则为了商业目的的需要而做了种种加工处理。当然，有些标本贝为了收藏的审美需要，也要做些处理，像清除附着物，清洁污垢等。但这些都要以力图保全贝壳原有特质和特征为前提，所以需要非常小心翼翼。商业贝就不讲究这些，因为要处理的数量太大，也讲究不过来。有些做装饰品或工艺品的商业贝，为了吸引顾客的兴趣，也要讲究卖相，但因为在加工的过程中已将贝壳本身的品相破坏了，就要进行人

用贝壳做成的各种饰品

标本贝资料标注

为装饰。

所以，标本贝与商业贝最本质的区别，就在于对贝壳本身处理方法的不同，产生的效果当然也就大不相同了。商业贝的加工手法大致有这么几种：开口磨边，表面打磨、抛光，表面喷涂人工染剂，剪贴，酸处理，等等。凡由肉眼可以辨认出以上任何一种加工手段的，就可以被定义成商业贝。像国内许多海滨旅游景点所出售的贝壳，基本都是商业贝，也有人称之为“观光贝”。前面提到过的“中国四大名贝”，多数都是被商家用以上方法加工后出售的。标本贝则是力保维持贝壳于原生环境中的原始状态，口盖是软体本身所分泌的一部分，必须保留。有的贝壳生长有壳皮，这也是贝壳原生态的一部分，但许多收藏者为了美观将之洗掉，也未尝不可。

标本贝的另一个重要特征，就是必须有相应的采集资料，包括标本贝的学名（格式是：属名，种名，命名者，命名时间），采集地点，采集方法（如拖网、缠绕网、潜水等），生活环境（如水深、沙底泥底或礁石等），以及采集时间，等等。作为科研需要使用的标本贝，这是至关重要的资料。没有了它，标本贝的科学价值就无法确定。对于一般收藏者来说，随着时间的推移和藏品的增多，这些资料也就显得十分有用了，能让你清楚每一枚贝壳的来龙去脉而不至于混淆。一些刚入门的收藏者对这种资料不太重视，认为自己主要为了观赏，有没有无所谓。这样会妨碍和其他收藏者的交流，影响你收藏水平的提高。

由于成本的不同，一般来讲商业贝的价格要便宜许多。从收藏的角度看，只有标本贝才是有价值的。但作为一般的玩赏，商业贝也有其价值。刚入门的收藏者，先购买些较好的商业贝练练手也是可行的。

贝壳收藏的途径

CHAPTER TWO

了解贝壳收藏的一些概念后，接下来就是到哪儿去找贝壳。

贝类的分布非常广泛，遍及江河湖海及陆地。按收藏的习惯，可分为海贝、淡水贝和陆贝（即蜗牛）。在目前已知的贝类中，海贝的数量最多，有七万多种，其次是陆贝，大概是三万种，淡水贝则超过一万种。随着时间的推移，相信会有更多的新贝类被发现。

海贝的采集

海贝的生活环境，以水深来表示可分为潮间带、浅海区和深海区。从海底形貌来看，又可分为岩礁、珊瑚礁、泥底和沙底等。海洋地形的多样性，给各种贝类提供了适合的各种不同的栖息地。

潮间带采贝

潮间带，顾名思义是指涨潮与退潮之间的地带。这段海域不是每天完全浸泡在海水里，所以受气候和波浪的影响较大，形成了较为复杂的生态环境，如礁岩海岸、泥沙海岸、滩涂海岸、红树林等。可以说，潮间带是收藏者能亲自采集到贝壳的主要地方。等到潮水退去，就可以和赶海的渔民一道，去采集各种心仪的贝类，如钟螺、笠螺、笔螺、骨螺、宝螺、麦螺以及许多种类的双壳贝。这里贝类的特点一般都个体较小，因采集容易，也都是些普通常见的种类。

在海滩上漫步有时我们也能采到一些漂亮的贝壳，理想的地点应该是浪潮比较大的地带，最好是在一场风暴过后，

潮间带采贝

汹涌的浪涛往往会将一些不常见的贝类卷到海岸上来。在沙滩上还可以采到一些贝沙，里面有无数的细小贝类，是微型贝收集的极好来源。

浅海区是潮间带以下到深海区之间的海域。浅海区有着丰富的水草和大量的珊瑚生长，所以这里的贝类种类繁多，像各种宝螺、芋螺、法螺、涡螺、榧螺、旋螺、骨螺等。

这里贝类的特点是不但个体较大，而且色彩绚丽，姿态万千，是收藏者追求的热门所在。遗憾的是，除了少数有条件的收藏者能潜水亲自采集外，大多数人就只能“望洋兴叹”了。当然，如果参加一些海滨旅游景点组织的潜水活动，也是

浅海区的美贝
[图片来源：Jacek Glanc（波兰）]

采集活贝的好机会。

深海区的定义，目前学者们还有分歧，有说一百米的，也有说二百米的，比较容易接受的说法是指大陆架以下的海域。深海区由于光透的减少，食物资源不那么丰富，所以能生存的贝类也大为减少。主要有翁戎螺、钟螺、涡螺、芋螺、缀壳螺、星螺、卷管螺等。这里的贝类虽然色彩不太艳丽，但获得相对不易，所以市场供给少，往往会成为珍贵品种。

总的说来，海贝的采集，主要还是依靠渔民和相关的专业捕捞队伍来进行。以前渔民捕鱼，除了挑选出鱼、虾、蟹和一些较大的可作食用的贝类外，其余的各种杂螺都被当作废物扔回了大海。随着贝壳收藏在世界各地的兴旺，现在的渔民也都懂得了“变废为宝”，有的甚至还改了行，当起了捕贝专业户。像在菲律宾和印度，就有许多这样的渔民，他们成立专业队伍为欧美贝商捕捞贝壳。

所以，从渔民手中购买贝壳是最直接有效的办法。到渔港码头，到海鲜市场，都有这种机会。

这里简单介绍一下海里捕贝的几种方式。

拖网（trawl）。用渔船拖着一张袋状的大网，网口刮着海底而过，将所遇的一切一网打尽。这是渔民目前主要的捕鱼方式，那些撞到枪口上的贝也难逃“法网”。

掘捞（dredge）。这种方法是专用来捕捞那些生活在泥沙层中的贝类。掘捞的工具有多种不同款式，但总的原理就是渔船拉着一个有滤水筛眼网袋的一边开着口的工具，口边带着尖锐牙齿扎入海泥中前行，泥沙从筛眼中滤出，剩下贝类尽落囊中。

缠绕网（tangle net）。又称牙网，其网眼比别的渔网要小很多，海底生物只要一进去就会被咬住，可见其之厉害。用这种方法可以捕捞到深水里的一些非常宝贵的贝类。尤其在拖网无法操作的礁石海底，这就特别有效。

潜水（dive）。多由专业蛙人操作，所得的贝类一般相当完整。

陆贝的采集

陆贝，一般俗称蜗牛。从专业角度来说，陆贝还包括一些亲水性的贝类，如生活在潮间带的松螺、山椒螺、耳螺等，不过这些数量很少，这里就忽略不谈。

一般来说，蜗牛的色彩没有海贝那么鲜艳和多变，但是它形状的丰富多彩，同样也让人赞叹不已。

对蜗牛的收集和研究，还能让我们敏感地获知生态环境的一些特性和细微的变化。因为蜗牛的移动速度慢，无法主动跨越较大的地理阻隔，所以容易形成各种局部地区分布的特有种，或者是具有形态以及遗传变异的亚种。另外人类活动的干扰和栖息地的破坏，也都会造成当地种群的灭绝或变异。

这里有一个很著名的例子。在1910年，德国科学家阿尔弗雷德·魏格纳住院养病。他躺在病床上无意间看到墙上的一张世界地图，不觉眼前一亮，他发现非洲的西海岸和南美洲的东海岸正好吻合。这个海岸线之谜，使魏格纳脑海中闪现出一个大胆的猜想，大西洋东西两面的大陆原来是不是连在一起的呢？通过调查和研究，发现非洲的古山脉与南美南部相

色彩艳丽的蜗牛
[图片来源：Jacek Glanc（波兰）]

蜗牛喜欢阴暗潮湿

连，不仅地层的重叠方式完全一致，而且从相同地层中发现了同类化石。同时，还发现有一种小小的蜗牛（膀胱螺科Family Physidae），在欧洲和非洲的西部，以及美洲的东北部和中部都有分布。在大西洋的两岸生活着同一种蜗牛，这个有力的佐证，让魏格纳更坚信了自己的判断，“大陆漂移说”由此诞生了。

蜗牛喜欢在阴暗潮湿、腐殖质丰富、疏松的环境中生活，昼伏夜出，喜好雨水，厌恶阳光照射。在杂木林、原生林等地区，可以发现比较多的蜗牛种类，在花圃或者花园的角落，也有机会发现蜗牛。寒冷的时候蜗牛会冬眠，在旱季时也会休眠，所以采集蜗牛一定要掌握好季节。清明后及夏天多雨季节是蜗牛活动最活跃的时期。

由于蜗牛需要利用碳酸钙来制造外壳，因此通常生活在石灰质的地区，较少生活在火山或者酸性土壤的地区。由生活环境区分，蜗牛可分为地栖性和树栖性两种。地栖性蜗牛大部分都喜欢在地面活动，但少数也会在树上活动。树栖性蜗牛一般生活在树上或者植物上。

树栖性蜗牛

我国幅员广阔，地理环境多样，蜗牛的种类是非常丰富的。采集蜗牛和旅游结合在一起是最好不过的事情。要采到好的较稀少的品种，一定要到人迹罕至的地方才有可能。这时要作好充分准备，穿长袖衣服，扎好裤脚，同时要备好药物防毒蛇害虫。

淡水贝的采集

所谓淡水，除了湖泊、沼泽、池塘等静水环境外，还包括河川、溪流、沟渠、瀑布等流水环境。淡水贝本身种类数量少，色彩单调，一般收藏者不多。

由于人类活动的影响，淡水系统的生态环境发生了很大变化，许多原来常见的贝类都变得稀少甚至消失了。像长江三峡大坝的修建，对长江水系的生态环境和物种资源的影响到底有多大，还要经过时间的验证。有资料显示，20世纪80年代中期，长江口能观测到的水生底栖动物共有126种，到2002年，能观测到的只剩下52种。从这个角度出发，淡水贝的收藏，其科学价值远远大于玩赏价值。

淡水贝色彩较单调

[图片来源：Jacek Glanc（波兰）]

淡水贝里，最有收藏价值的当数河蚌，种类多，个体大。

贝壳商店

在我国五大淡水湖——鄱阳湖、洞庭湖、太湖、洪泽湖、巢湖里，都盛产各种蚌类，到当地的水产市场去逛逛，定能收集到不少理想的标本。

购买贝壳

除了以上谈到的自己采集贝壳外，贝壳收藏的另一个途径就是从贝壳商店里购买。

花钱购买现成的东西，似乎使贝壳收藏变得轻而易举，只要有钱。不过，如果完全靠花钱来收藏，也使得贝壳收藏弱化了其最本质的意义，那就是亲近大自然。只是现代人做事大多强调方便、快捷、高效，所以现在“购贝一族”（国外称之为cabinet collectors）似乎成了贝壳收藏者的主流。现在我国的北京、上海、广州、厦门、海南及一些滨海旅游城市都有专门的贝壳商店，只是这些贝商的职业水平参差不齐，跟国际上的贝商有很大差距，有待提高。在美国和欧洲，每年都有一些定期举行的贝壳展销会，品种非常丰富，在我国香港，还有享有盛名的网络专场贝壳拍卖会，常常吸引全世界许多收藏者光顾。

贝壳拍卖会上各国收藏者云集
[图片来源：Jacek Glanc（波兰）]

三

网络收集

CHAPTER THREE

可以想象，在早年的贝壳收藏市场上，那些美丽的贝壳是如何的稀缺。来自欧洲之外的贝壳标本，必须由遥远的国度采集或者收购。限于当时的捕捞手段和技术，要收到一定数量的贝壳已是千辛万苦，然后还要经过长途跋涉，期间要经历风浪和礁石的考验，甚至海盗的洗礼。所以，这项奢侈的爱好，一直以来只能在宫廷王室和一些达官贵人中流行。

时至今日，互联网的发展，彻底改变了人们的生活方式。同样，网络购物的兴起，将贝壳收藏的热浪，从少数发达国家推向了全世界，贝壳收藏也从贵族化变成了平民化。可以这样说，从网络上收集贝壳，是当今贝壳收藏最主要、最有效的途径，所以这里专门作为一章重点谈谈。

网络收集包括网上邮购、网上拍卖和贝壳交换。

贝类的世界产区分布

在介绍网上邮购之前，先了解一下贝壳种类在世界海洋里的主要分布，对我们的收集是很有帮助的。

贝类主要生活在温暖的水域，所以靠近赤道两旁的海域是贝类的丰产区。下面是一张世界海洋生物地理分区图，它共分

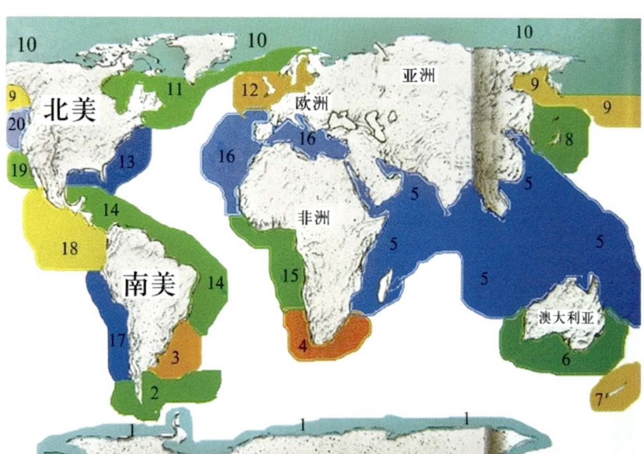

世界海洋生物地理分区图
（图片来源：何径）

上左图：王子宝螺
上右图：黄金宝螺
下图：天王宝螺

成20个特定区域，其中已知盛产贝类的分别是印太区、澳大利亚区、日本区、加勒比区和地中海区。

印太区包括印度洋和太平洋部分区域，面积最大，贝类品种最多。最负盛名的是各种芋螺、宝螺、笔螺和骨螺，不仅个体大，而且花色品种非常漂亮。菲律宾是其中最大的产贝圣地，捕贝行业已成规模。像天王宝螺（*Cypraea leucodon*）、王子宝螺（*Cypraea valentia*）、黄金宝螺（*Cypraea aurantium*）等世界名贝，都产于此地。

我国的台湾也是贝类盛产地，尤其是宝螺和翁戎螺，像中途岛宝螺（*Cypraea midwayensis*）、龙宫翁戎螺

左图：中途岛宝螺
右图：龙宫翁戎螺

上左图：印度圣螺
上右图：海之荣光芋螺
下左图：百摺杨桃螺
下右图：富东尼宝螺

（*Entemnotrochus rumphii*），都非常珍稀。

印度的圣螺（*Turbinella laffertyi*）、海之荣光芋螺（*Conus gloriamaris*），斯里兰卡和毛里求斯的百摺杨桃螺（*Harpa costata*），莫桑比克的富东尼宝螺（*Barycypraea fultoni*），也都是世界名螺。

中国也属这一区域，贝类品种也非常丰富，负有盛名的是南海的东沙谷米螺（*Marginellona gigas*），是谷米螺里个体最

东沙谷米螺

大的，甚至可达20厘米。

还有电光螺属（*Fulgoraria*）的涡螺，东海和南海的品种共有十几种之多，占据了全世界已知电光螺属涡螺的半壁江山。

1. 艾利卡涡螺　2. 艾利卡涡螺　3. 木纹涡螺　4. 抛光涡螺
5. 哈密涡螺　6. 阿拉依涡螺　7. 光华涡螺　8. 金电涡螺
9. 土佐哈密涡螺　10. 闪电涡螺　11. 无纹闪电涡螺　12. 北洛涡螺
13. 麻布涡螺　14. 东沙涡螺　15. 褐色涡螺　16. 抛光涡螺
17. 闪电涡螺　18. 克拉拉涡螺　19. 金子涡螺　20. 小涡螺

上左图：平濑宝螺
上右图：兰福宝螺
下左图：黑原宝螺
下右图：柔姬宝螺

（图片来源：贝友 Loebbeckei）

1. 凸环峨螺
2. 凸环峨螺
3. 尤利马峨螺
4. 新英格兰峨螺

另外，东海的平濑宝螺（*Cypraea hirasei*）、兰福宝螺（*Cypraea langfordi*）、黑原宝螺（*Cypraea kuroharai*）、柔姬宝螺（*Cypraea joice*）等这些深海品种，都是世界名贝。

黄海和勃海，因水温低，贝类品种较少，但出产的一些大型冷水峨螺也是世界藏家们追求的热门。

澳大利亚区专指澳洲南部海域。由于澳大利亚分布有大量的珊瑚礁群，非常适合贝类的生长，所以这里的贝壳又大又漂亮，最为著名的是涡螺和索拉属（*Zoila*）宝螺，像白兰地涡螺（*Volutoconus bednalli*）、达摩涡螺（*Amoria damoni*）、钢丝涡螺（*Paramoria guntheri*）、黑檀宝螺（*Zoila thersites*）、猎

1. 白兰地涡螺
2. 达摩涡螺
3. 钢丝涡螺
4. 黑檀宝螺
5. 猎帽宝螺
6. 富人帝宝螺

帽宝螺（*Zoila marginata*）、富人帝宝螺（*Zoila friendii*）等，都脍炙人口。

澳大利亚政府对本土贝类资源的保护非常重视，捕捞贝类不仅要有特批的许可证，而且还有严格的数量控制。

日本区虽然纬度较高，但是软体动物的种类却异常丰富，原因是北上的日本暖流带来了大量的热能和饵料。日本的贝类品种跟中国东海及台湾地区大致相同，其最为著名的是深海峨螺及花仙螺，如漩涡峨螺（*ancistrolepis grammatus*）、螺丝峨螺（*japelion pericochlion*）等。

加勒比区包括加勒比海沿岸及中南美洲的一些国家，最有代表性的是巴西。这里是世界标本贝壳贸易旺地。全球最大的贝商马可西、何西兄弟就在这里，他们的年销售量可达上千万

左图：漩涡峨螺
右图：螺丝峨螺

上左图：雷达法螺
上右图：角法螺
下左图：大西洋大法螺
下右图：雄鸡凤凰螺

美元。这里的大型法螺和凤凰螺及翁戎螺都非常名贵。像雷达法螺（*Cymatium raideri*）、角法螺（*Cymatium femorale*）、大西洋大法螺（*Charonia variegate*）、雄鸡凤凰螺（*Aliger gallus*）、霸王凤凰螺（*Aliger goliath*）、大西洋翁戎螺（*Perotrochus atlanticus*），还有巴拿马的风景榧螺（*Oliva porphyria*）等，都是藏家们的必备藏品。

地中海区包括地中海和大西洋欧洲部分的一些岛屿。这里是贝壳收藏的传统地区，像西班牙、葡萄牙、英国、法国、德国、意大利等国家，贝壳收藏的历史可上溯到几百年前，民

左图：霸王凤凰螺
中图：大西洋翁戎螺
右图：风景榧螺

左图：西非玛瑙宝螺
中图：红唇宝螺
右图：欧拉涡螺

众对贝壳收藏的热情非常高。地中海海水盐度较高，贝类资源并不很丰富，但也形成了自己不可替代的地域特色，其中的扇贝最为有名。而位于大西洋的加拿利群岛，则是全球闻名的贝壳圣地。像西非玛瑙宝螺（*Schilderia achatidea*）、红唇宝螺（*Zonaria pyrum*）、欧拉涡螺（*Cymbium olla*）、染料骨螺（*Bolinus brandaris*）、鹈足螺（*Aporrhais pespelecani*）等，都是那里的“招牌菜”。

除了以上几个主要产区，还有许多海域都有名贵的贝类品种出产，像南非区的红牡丹宝螺（*Lyncina broderipii*）、开普敦宝螺（*Cypraeovula capensis*）、墨西哥的大鹿斑宝螺（*Macrocypeaea cervus*）、美国的刺香螺（*Busycon carica*）等。

左图：梁料骨螺
右图：鹈足螺

上左图：红牡丹宝螺
上右图：开普墩宝螺
下左图：大鹿斑宝螺
下右图：刺香螺

网上邮购

网上邮购对于贝壳收藏来说是最经济有效的捷径，为收藏者节省了大量的时间和金钱。不要说全世界了，就是在中国国内，为了几枚贝壳千里迢迢跑到海南岛或别的滨海城市去，成本是非常昂贵的。再富有的人一年又能跑几次？网购解决了这个难题。

现在在网络上专门出售贝壳的网站和店铺数以千计，像国外的ebay、国内的淘宝，只要打开搜索引擎就可轻易找到。但是，要想顺利地在网上购买到自己满意的贝壳，起码有三点是要基本掌握的，那就是要了解卖家的交易条件或条款，掌握贝壳的一些基本价格，熟识贝壳品相的评级标准。

1. 交易条件或条款

在购买之前，一定要仔细阅读卖家所列出的一些交易要求，如付款方式、投递方式、邮资标准、赔偿条件等。

付款方式一般有银行账号转账汇款，或专门的网上支付工具付款，国际的像“贝宝”“西联汇款”，国内的像“支付宝”等。所以准备邮购的朋友，一定要先开通网上支付的账户。网上购贝，一般都是先付款后发货。

投递方式基本是通过邮政包裹递送或专门的物流公司运送两种。前者又分普通件和快件，而后者都是快件。收费标准当然不一样。

邮资标准一般都是以邮包重量来分级计算，同时还有目的地的距离。有的卖家只列出一个地方的标准，为保险起见，你一定要问清楚到自己所在地的具体费用。

网络购货就如隔山买牛，一般人都会担心买到的东西不如看到或说的好。自信的卖家为了让买家消除这方面的顾虑，一般都会有“无条件退货”的承诺，也就是不用任何理由，只是觉得不喜欢就可以退货。退货的费用一般由买家支付。如果卖家没有这一承诺，你就要自己思量了。赔偿条件还包括邮包途中损毁或丢失的问题。这些情况发生的概率虽然极小，但购买前也应该了解清楚。

2. 贝壳的基本价格

影响贝壳价格的因素很多，有经验的收藏者都知道，像品相、尺寸、花纹、颜色、形状等，都可以使同一种贝壳之间产生悬殊的价格差。与同一批生产出来的杯子每一个都一样不同的是，在同一个地方生长的同一种贝壳每一枚都是不同的，所以它们的价格也是不同的。尽管如此，每一种贝壳的价格还是可以勾勒出一个大致的范围。美国收藏家汤姆·莱斯（Tom Rice）根据多年对全世界数十名贝商销售情况的连续跟踪和收集，编辑了一本世界贝壳价目表，即贝壳收藏界著名的“莱斯价格表”（Rice’s Prices）。这本资料里共记述了17 500种贝壳的价格，有兴趣的朋友可以找来参考。

3. 品相的评级标准

贝壳的买卖和交换，如果发生在现场，可以面对面地观看和把玩，品相的好坏、满不满意，自然会一目了然。可这些事情要放在网络上进行，光看图片是不够的，还必须有一套完整的对贝壳外观完整度进行评判和描述的标准，才能作为交流的依据。1977年，在夏威夷一本贝壳杂志上发表的一套贝壳分级标准HMS-ISGS系统得到了世界的公认。在这个基础上，经过多年的实践，演化成了现在通用的这样一套分级系统：

Gem　简写G，称为钻石级，意为完美的贝壳。标准是：活成贝，达到平均尺寸（下同），完整无损，没任何疤痕和瑕疵，原生光泽和颜色。

F+++　活成贝，完整无损，只有微小的瑕疵，原生光泽和颜色，近乎完美。

F++　活成贝，非关键部位的小缺损，有生长纹、修复的小疤痕或小的瑕疵，原生光泽和颜色，基本完好。

F+　活成贝，有明显损伤或开裂性生长疤痕，或沙包、水泡、污垢等，但仍能代表该物种的基本特征。

F　活成贝，破壳，或颜色尚可的死壳（也有的贝商不对死壳作评级）。

从资源保护的角度出发，幼贝一般不作为收藏对象，只是个别作科研之用。

虽说有了分级系统，但是目前没有一个统一的具体量化标准，因为可能出现的损毁和瑕疵以及程度不同的状况数不胜数，所以实际操作不易掌握，多是靠个人的经验和感觉。看多了摸多了，感觉就有了。按我的经验，有几个要点可以

左图：容易受损的几个部位

右图：宝螺前后出水口容易受损

掌握。

一看完整度。

一枚贝壳，是否完整是首要的。我们判断一个人是否残疾，依据是看四肢是否健全，五官是否端正。贝壳也大致如此，是否完整主要看这三个关键部位，那就是外唇、出水口和壳顶，这是构成一枚贝壳外形完整的三个基本点。如果受外力影响，最易受到损伤的正是这三个地方，所以这三部分都完好的话，一般起码是F++了。

宝螺则主要关注前后出水口，最易受损而又容易忽略的就是这两处。

用手细细触摸这两处，感到光滑无比就好，稍有硌手的话就有问题了。

二看洁净度。

生命本身是洁净的，“赤条条来赤条条去”，后天的环境污染和微生物侵蚀都会使贝壳产生污垢、腐蚀或别的瑕疵，破坏贝壳的观感。如能保持原生光泽或色彩，也可达F++以上了。

三看生长纹或疤痕。

贝壳摆放时示人的主要部位是背部或底部，所以这两处也算得上是要害部位，相当于人的脸面。如果此两处基本平整光滑，没有孔洞，也可达F++。如果生长纹过于粗犷或有开裂性疤痕，那不管长在哪里，只能是F+或以下。至于孔洞，也有分别。如果是动物活着时被别的生物攻击所产生的针尖小孔，尚属可以，如果是贝壳被捕捞以后才产生的孔洞，也只能是F+或以下。

总之，这几个方面要综合考量。尽管一枚贝壳可能有这样那样的不足，但总的感觉是要看着顺眼，摸着舒服，那就OK了。一般地说，F++的品相已经相当不错，如果是较稀少的种类，F+的品相也可以。刚开始的收藏者，没必要一上来就追求精品，等有了一些经验后，再升级换代也不晚。请务必记住这九字真言：先求有，再求好，后求精。

左图：有污垢和被腐蚀的贝壳

右图：有疤痕的贝壳

另外，对死贝和幼贝，也有一些辨别要点。

死壳的辨认，主要看色泽。动物死后海水的侵蚀，使贝壳失去光泽，颜色变哑变淡。其次看壳口内的寄生物。有的动物刚死，贝壳的色泽还好，但壳口内已有珊瑚虫、蚝株等进驻。有的被寄居蟹占据，壳口上看不出问题，但贝壳表层出现钙化。

表面出现钙化的贝壳

幼贝一般较易辨认，壳较轻，外唇薄，图案模糊等。主要标志还是看牙口，外唇长全长厚了，唇齿长清晰了，呈现典型图案和色泽了，就为成贝。

掌握了以上几点，就可以开始选购心仪的贝壳了。一般地，网上出售的贝壳都是一贝一图，除非卖家特别注明，因为有的并非一贝一图，而是以一个图代表这一种贝壳。除了图示，应该还有相应的文字描述，因为图片毕竟只是个平面展示，细节的东西是难以观察到的，除非这枚贝的品相是G级。这些都能反映出卖家的鉴别水准。

有的贝壳网站，特别是一些贝类学家的个人网站，上面出

1. 金袖凤凰螺
2. 阿拉依涡螺
3. 虎斑宝螺
4. 地图宝螺
5. 金星宝螺

1. 山猫宝螺
2. 阿拉伯宝螺
3，4. 清齿宝螺

售的贝壳只有目录没有图片，你可以要求对方将你选定的贝壳发图片让你确认是否购买。

最后，网购还有两点要注意：1. 付钱给卖家后，一定记得发函让对方确认收到款项，并且将包裹的单号报给你，便于追踪查询。2. 收到包裹后要及时告知对方，如果发现包裹有损毁或有不满意的地方，更要第一时间告知对方，商讨解决。

网上拍卖

网上拍卖，是网购的一种特殊形式。

拍卖又叫竞价购买，最后是价高者得。一般地讲，只有精品、珍品、稀有品或者是较独特的贝壳才会采用拍卖方式出售，所以竞争往往十分激烈，成交价格也较一般的购买高出许多。参不参加拍卖，主要根据收藏者个人经济实力来定。不过常浏览一下拍卖网站也有好处，可以开阔眼界，有时运气好的话还能捡漏，买到真正“物美价廉”的贝壳。因为卖家为了吸引竞买者，一般都会以较低价起拍，如果碰上竞买者稀少的时候，就可以捡个大便宜了。

网上拍卖的规则比较简单，以被拍卖贝壳所规定最后时限的出价最高者为赢家。目前网上比较常见的拍卖时限为七天，超过了时限，拍卖结束，任何出价都无效了。所以，有经验的竞拍者都会在最后时刻才出手，尤其是遇到了心仪的贝壳志在必得而又不想花费太多的话，那真要有一点小技巧了。

如果你同时看好几个标的物而又分身乏术，或者你的时间不允许你 “最后出击”，那么，你也可以使用最大竞价委托来帮你达到目的。例如，标的物目前的价格为6元，而出价一次必须比前一出价高2元的话，那么你可以一次出价到你可以接受的心理价位，比方说20元，这样，后来的竞买者的出价只要不超过20元，都会被自动出局。

参加拍卖，要注意的是不要掉进一些卖家的抬价陷阱。公平的拍卖应该由市场来决定价格，但有些卖家为了获取更大利益，会搞些小手法，自抬价格，不知情者往往会中其圈套。如何来识别呢？前面说到过，网上拍卖是以时限来截止竞价的，所以老道的竞买者一般都在接近时限前的一小段时间里才出价，既可避免价格出得过高，又可有效竞得物品。如果一枚贝壳在拍卖才开始不久，价格就被抬得老高，而出价的多是同一个买手的话，就要留神了。哪怕这枚贝壳再迷人，还是放弃为妙。相反，如果一枚很好的贝壳却没多少人关注，甚至在最后时限前的一两个小时还无人问津，这说明已有大的买家在盯着了，正在谋划着最后的出击呢。同时也说明，这里面没有人为哄抬。

下面是我在网上拍得一枚大芋螺（*Conus pulcher*）的过程，希望对读者增加一些网上拍卖的感性认识会有帮助。

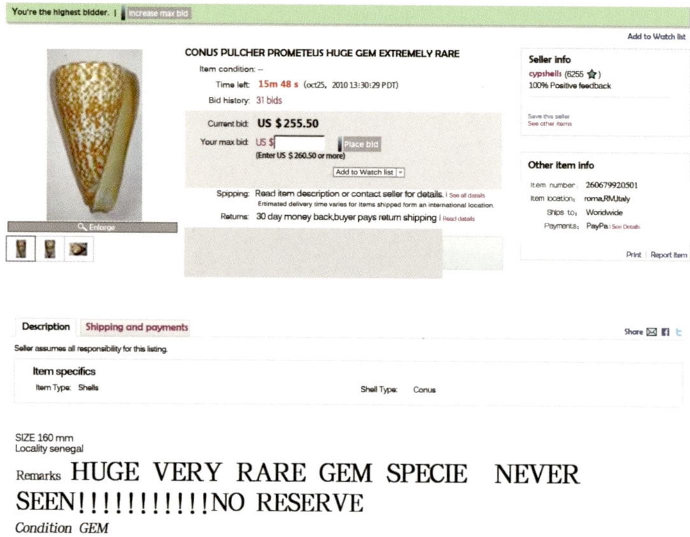

这种芋螺是世界上芋螺中个体最大的芋螺，平均尺寸在100 mm，目前最大的纪录是254.3 mm。图中这枚大芋螺的尺寸是160 mm，品相等级为Gem。要知道，这么大的尺寸已不常见，而Gem级的品相更是罕有。在所有贝类评级中，能上Gem级的一般多为宝螺和谷米螺这类流线型体形的贝壳，像芋螺这样的三角体形，在海底复杂的生长环境中很容易受到这样那样的影响而产生生长疤痕或瑕疵。而芋螺的外唇本身又极单薄，在捕获的过程中很容易受损，所以完美的芋螺更多的是理论上的可能。现在这枚芋螺，却是现实的Gem级，加上它那独有的美丽花纹，可以说是一枚极品！

它的起拍价为9美元，卖家还郑重声明没有保底价[注]，拍到多少算多少，哪怕最后只卖到10美元也认了。这真是一个可遇不可求的机会，我当时的第一个念头就是志在必得！前面已有

【注】有的卖家既想以低起拍价来吸引买家，又担心标的物最后成交价过低而亏本，就可以使用保底价，就是标的物如果最后没能达到卖家设定的保底价，那么任何买家的出价都不能成交。

s***9(177 ★)	US $65.50	Oct-19-10 23：09：18 PDT
0***r(1)	US $55.00	Oct-22-10 01：36：05 PDT
0***a(72 ★)	US $53.00	Oct-20-10 14：31：17 PDT
a***g(133 ★)	US $50.00	Oct-19-10 11：19：13 PDT
s***9(177 ★)	US $45.50	Oct-19-10 02：31：17 PDT
a***g(133 ★)	US $40.00	Oct-19-10 11：18：56 PDT
e***n(432 ★)	US $23.00	Oct-19-10 09：47：06 PDT
a***g(133 ★)	US $22.00	Oct-18-10 14：58：49 PDT
Starting Price	US $9.00	Oct-18-10 13：30：29 PDT

四位竞买者七次出价，价格出到了54美元。我小试了一下，出价55美元（10月22号下午1点36分），但没能赢出，前一名竞买者显然是使用了最大竞价委托（10月19号下午2点30分），我的价格没能超过，所以还是被压在下面。

不过这一试，让我知道了对手（S***9（177））的态度，想赢的意愿同样非常强烈。于是我就潜伏下来不再动作，只是静观其变。志在必得不等于在所不惜，如果我出几千美元压在那里，当然也是稳操胜券，但这并不是最经济有效的办法，也失去了参与竞拍的乐趣。这时的拍卖时间才过了四天。

就在当天，另一位竞买者（a***v（128））发起了强攻，连续三次大跨度出价，将价格推到了101美元，也没能拱破前一位竞买者设下的防线。接着他（她）将心一狠，出价到111美元，这才勉强攻破了第一道防线110.50美元。但是，因为前买者显然已受到惊动，早已加码防守，将最大竞价委托上升到155.50美元（10月22号下午3点27分），所以还是牢牢地压在上头，稳居赢家的位置。

然而这位（a***v（128））也是精神可嘉，只喘了几口气（就10秒），就发起了连续猛攻，又是接连三次大跨度地出价，将价格带到了161美元，这才总算夺得了阵地，占据了头把交椅。

a***v(128☆)	US $161.00	Oct-22-10 17：59：46 PDT
s***9(177☆)	US $155.50	Oct-22-10 15：27：58 PDT
a***v(128☆)	US $151.00	Oct-22-10 17：59：34 PDT
a***v(128☆)	US $131.00	Oct-22-10 17：59：24 PDT
a***v(128☆)	US $111.00	Oct-22-10 17：59：14 PDT
s***9(177☆)	US $110.50	Oct-19-10 23：11：25 PDT
a***v(128☆)	US $101.00	Oct-22-10 17：59：05 PDT
a***v(128☆)	US $81.00	Oct-22-10 17：58：56 PDT
a***v(128☆)	US $71.00	Oct-22-10 17：58：48 PDT
s***9(177☆)	US $65.50	Oct-19-10 23：09：18 PDT
0***r (1)	US $55.00	Oct-22-10 01：36：05 PDT

只可惜呀，好景不长，才睡了一个晚上，第二天一早（S***9（177））就卷土重来，发起了反击，只是一个回合，就将守将斩下马来。这时的价格到了175.50美元（10月23号上午5点19分）。

这位竞买者显然也很老道，为了保住胜利果实，采用了严防死守的策略。虽然往后的一天多时间里没有战事，但他（她）还是在加固阵地，又在价格上层层加码，将最大竞买委托价上升到了250.50美元（10月24号上午9点06分）。

终于等到了拍卖期限的最后一天，决战的时刻来临了。我几乎整晚没睡，因为时差的关系，拍卖结束的时间正是北京时间深夜3点多。当我打开电脑的时候，发现价格已到了225美元，原来有位守候者已经先出手，出了两次价，只攻破了守军的第一道防线（205.50美元）便弃阵而去。我看看还剩最后一小时，于是开始进攻。我一笔比一笔地加大力度，共出了四次价，价格出到了250美元，但还是没能拿下，对方还是赢家。我停了一会儿，看看页面会有什么变化。因为如果对方此时也

s***9(177☆)	US $175.50	Oct-23-10 05：19：09 PDT
a***v(128☆)	US $161.00	Oct-22-10 17：59：46 PDT
s***9(177☆)	US $155.50	Oct-22-10 15：27：58 PDT
a***v(128☆)	US $151.00	Oct-22-10 17：59：34 PDT
a***v(128☆)	US $131.00	Oct-22-10 17：59：24 PDT

0***r(1)	US $255.50	Oct-25-10 12:38:51 PDT
s***9(177)	US $250.50	Oct-24-10 09:06:11 PDT
0***r(1)	US $250.00	Oct-25-10 12:38:08 PDT
0***r(1)	US $237.22	Oct-25-10 12:37:42 PDT
0***r(1)	US $232.22	Oct-25-10 12:34:44 PDT
0***r(1)	US $227.22	Oct-25-10 12:31:05 PDT
1***b(568)	US $222.22	Oct-25-10 06:20:53 PDT
s***9(177)	US $205.50	Oct-24-10 06:19:36 PDT
1***b(568)	US $199.99	Oct-25-10 06:20:03 PDT
s***9(177)	US $175.50	Oct-24-10 06:19:09 PDT

盯在电脑前的话，一定会有所反应，此时的对手只剩一道防线了。过了将近一分钟，我刷新了一下页面，发现没有动静，于是我将出价来了个大跨越，只一下就将对手踩到了脚下，以255.50美元的价格占据头榜。

此时离拍卖结束还有51分钟，离胜利还相当遥远。我无法预料下一分钟会有什么情况发生，只能紧张地盯住电脑，不时地往上提高出价，提防对手的突然反击，也只能是严防死守了。最后我一共加了四次价，将最大价格委托到了330美元。还好，直到拍卖结束时，再没人跟我抢。我以255.50美元的成交价格赢得了这枚大芋螺。

贝壳交换

贝壳交换，应该是收藏者最乐于进行的活动。这是扩充我们收藏品种数量的一个丰富来源。贝壳资源分布在世界各地，由于地缘特点，某地盛产的贝壳在别处可能稀缺，所以各地的收藏者都有交换的要求。这种互通有无的交换，成本显然要比购买低许多，同时还能让收藏者的“资产”盘活甚至增值，何乐不为?

要想跟别的贝友交换，一些必备的工作是要先做的。

首先，要准备好一份可交换贝壳的目录。上面要具体写明贝壳名称、尺寸、品相等级、产地、可交换数量以及交换价格。

其次，要制作好每枚贝壳的标签，标签的内容包括相应的采集资料。

如何交换，完全看交换双方的意愿和条件，这里有一些惯例可供参考。

一、贝壳交换也是以等价交换为原则。这个可以参照“莱斯价格表”或者一些贝壳销售网站上的价格。

二、一般是提出交换建议的一方先把贝壳寄出，对方收到后再将交换的贝壳寄过来，除非两人另有协议。

三、各方负责自己的邮费。

第一次的贝壳交换，往往会遇到相互信任的问题。为了取得对方的信任或者给对方信心，比较好的办法是当邮包寄出后，同时将邮包的邮局单据用图片的方式通过电子邮件发给对方。

尽管如此，上当受骗的风险还是存在的，毕竟这个世界上还有不少骗子无赖。下面这一节就谈谈风险的问题。

存在的风险

随着贝壳收藏的普及，已有一些骗子将目光盯在了这个原本比较纯洁的行业上。加上网络的虚拟性，使得网上收集贝壳的风险加大。存在的风险大致有如下几种：

买到赝品

名贵贝壳需求大，供量少，是造假者主要的造假对象。当要买名贵珍稀品种时，就要当心，尤其价钱显得过于便宜时，更要警惕。

一些奇特的或畸形的贝壳也易被造假，像左旋的贝壳，

仿冒名贵珍稀品种

1. 黄金宝螺（船形）
2. 红牡丹宝螺（船形）
3. 天王宝螺（船形）
4. 地图宝螺（黑化 + 船形）
5. 金星宝螺（黑化）
6. 黄宝螺（船形）
7. 杜撰的宝螺

白化种，貌似变异的品种等，碰到这些都要多一个心眼，仔细辨别。

造假的手法一般有用玻璃纤维仿造，或两个不同贝壳的粘贴，或加热处理，或化学处理等。

辨别的方法也就是看，摸，闻。

看。假东西往往不自然，颜色不自然，红不红黄不黄的，而且不鲜，有的甚至是用漆涂抹的。形态不自然，老感到别扭，细看会发现微痕。

摸。特别是玻璃纤维仿造的，重量上感觉会有些差异，轻飘飘，不坠手，再就是温感不同，真贝是挺凉的，假贝则温温的。

闻。有的会残留一些化学类的异味。

遭遇诈骗

诈骗者往往会主动跟你联系，说有些什么好的贝壳，还发来图片，煞有其事。因为网上购买贝壳的惯例是先付款后发货，所以诈骗者就利用这点来骗人，收到钱后就溜之大吉，或者胡乱寄些别的贝壳来。

辨别的方法就是一要谨慎，遇到不速之客要留神，如有说是谁谁介绍来的，最好先发封信证实一下。其次是试探地让对方多报些别的贝壳来，因为真正的贝商或收藏者不会只懂那么一两种贝壳的，如果别的连个学名也说不上来，那就露出破绽来了。最后还有一种较保险的方法是，你要坚持使用“贝宝”（Paypal）付款。因为“贝宝”有一项保护付款人条例，在付出款项三个月之内，你都可以投诉没收到包裹，或者货不对板等，在调查属实后，“贝宝”会从收款人那里把钱扣回退还给你，所以诈骗者都不会选用“贝宝”作为支付工具。我就曾经遇到过一个来自非洲的推销者，我们双方什么都谈得好好的了，最后我坚持要用“贝宝”付款，结果他就自动消失了。

在国内，具有防范风险功能的支付工具是“支付宝”，类似国际贸易中的托收，你先付款到支付宝，然后卖家发货，你收货后再通知支付宝跟卖家结算。

这些方法也可以用来对付赝品风险。

海关监管

全世界所有国家都会对进口物品实施监管。小价值的自用物品可以免税，超过一定价值就要征税。像欧美一些国家，20美元以内的物品可以免税。

在我们国家，新中国成立初期商品匮乏，经邮递渠道进出境的物品总量较小，内容单一，主要为个人物品，为照顾侨眷，所以对进出境个人邮递物品给予一定幅度的免税优惠。

在1994年发布的相关个人物品入境免税规定中规定，寄自或寄往我国港澳地区的个人物品限值为800元，免税额为400元；寄自或寄往其他国家和地区的个人物品限值为1 000元，免税额为500元。

随着国际网购和邮购的迅速发展，中国海关总署又作了监管政策的调整，从2010年9月开始，进口物品免税额下调到50元人民币，而个人寄自或寄往我国港、澳、台地区的物品，每次限值仍为800元人民币；寄自或寄往其他国家和地区的物品，每次限值仍为1 000元人民币。凡进出境物品超出规定限值的，就办理退运手续或者按照货物规定办理通关手续。

这里面的风险，当物品超出限值时，一是将会被退回，二是办理烦琐的通关手续，还有征这个税那个税的。据我的经验，一般都是包裹被退回。如果这时你的卖家不好说话的话，那就钱财两空了。

还有一种风险，是买到受法律保护禁止买卖的贝壳，可能会被没收，罚款甚至负刑事责任。

有一些贝壳，受到国际濒危野生生物保护公约的保护。这个公约俗称“华盛顿公约”，英文简写CITES，在1973年形成，有80个国家或地区自愿加入，1975年正式生效，成为具有法律性的世界条约，目前有172个公约成员。幸好的是，被禁止交易的软体动物的数量并不多，只有35种，你只要稍加注意就可以避免这种风险了。

我们国家也有列入保护范围的软体动物，但很少，只有一级保护的库氏砗磲（*Tridacna gigas*）、鹦鹉螺（*Nautilus*）和二级保护的虎斑宝螺（*cypraea tigris*）、唐冠螺（*Cassis cornuta*）、大珠母贝（*Pinctada maxima*）和佛耳丽蚌（*Lamprotula mansuyi*）。

下面是受国际保护的软体动物目录表。

国际软体动物保护名录

双壳纲	保护级别	腹足纲	保护级别
Lithophaga lithophaga 欧洲石蜊	Ⅱ	*Haliotis midae* 南非鲍	
Conradilla caelata 雕刻射蚌	Ⅰ	*Stombus gigas* 大凤螺	Ⅱ
Cyprogenia aberti 阿氏强膨蚌	Ⅱ	*Achatinella spp* 小玛瑙螺属所有种（树蜗）	Ⅰ
Epioblasma torulosa torulosa 瘤前嵴蚌	Ⅰ	*Papustyla pulcherrima* 美丽尖柱螺	Ⅱ
Dromus dromas 走蚌	Ⅰ		
Epioblasma turgidula 膨大前嵴蚌	Ⅰ		
Epioblasma curtisi 冠前嵴蚌	Ⅰ		
Epioblasma walher 瓦氏前嵴蚌	Ⅰ		
Epioblasma florentina 闪光前嵴蚌	Ⅰ		
Epioblasma sampsonii 全斜沟前嵴蚌	Ⅰ		
Epioblasma sulcata perobiqua 舵瘤前嵴蚌	Ⅰ		
Epioblasma torulosa rangiana 行瘤前嵴蚌	Ⅱ		
Fusconaia cuneolus 楔状水蚌	Ⅰ		
Lampsilis higginsii 希氏美丽蚌	Ⅰ		
Lampsilis orbiculata orbiculata 球美丽蚌	Ⅰ		
Lampsilis satur 多彩美丽蚌	Ⅰ		
Lampsilis virescens 绿美丽蚌	Ⅰ		
Lithophaga lithophaga 普通石蛏	Ⅱ		
Plethobasus cicatricosus 皱疤丰底蚌	Ⅰ		
Plethobasus cooperianus 古柏丰底蚌	Ⅰ		
Pleurobema clava 棒形侧底蚌	Ⅱ		
Pleurobema plenum 满侧底蚌	Ⅰ		
Potamilus capax 大河蚌	Ⅰ		
Quadrula intermedia 中间方蚌	Ⅰ		
Quadrula sparsa 稀少方蚌	Ⅰ		
Toxolasma cylindrella 柱状扁弓蚌	Ⅰ		
Unio nickliniana V线珠蚌	Ⅰ		
Fusconaia edgariana 水蚌	Ⅰ		
Unio tampicoensis tecomatensis 德科马坦比哥珠蚌	Ⅰ		
Tridacnidae spp 砗磲科所有种	Ⅱ		
Villosa trabalis 横条多毛蚌	Ⅰ		

四

贝壳的处理与存放

CHAPTER FOUR

自己采集到贝壳活体后如何处理，处理好的贝壳如何存放，日常如何保管和养护？这些都关系到所收藏贝壳的质量和寿命，作为热爱贝壳的收藏者来说，绝对是不可以掉以轻心的。以下是我自己的一些体会以及跟其他收藏者交流得到的一些经验。

去肉和清洗

这是个很重要和关键的一环，弄不好会损伤贝壳的完整性，破坏贝壳的光泽和颜色，直接影响到品相。

去 肉

一般地，贝类动物离开水后不久就会死亡。但要顺利将肉取出却不易，有几个常用的方法。

1. 自然腐败法

将采回的贝壳装在塑料袋里，搁在阳光照射不到的地方任其腐烂，并将壳口用软纸或棉花塞住，防止肉汁流出腐蚀壳面，一般两到三个月时间就可以了。

2. 冷冻法

将采回的贝壳装在塑料袋或盒子里，放在冰箱的急冻柜，两天后取出自然解冻，再用挑针将肉取出。这种方法比较适合那些个体不大、壳身较薄，壳面对酸碱敏感的贝壳。

3. 热煮法

将活贝放在锅里加热，水开后两分钟即可捞起，再过冷水。切忌水开后再放贝壳，那样动物会因突然遇热而猛然收缩，反而取不出肉来了。煮久了也不行，肉煮老了也难取。这种方法不适合那些表面光滑色彩华丽的贝壳，加热会令光泽消失，色彩黯然。

清 洗

清洗的目的就是洁净贝壳，去掉壳皮，清除附着物（有的收藏者喜欢保留壳皮和附着物则另当别论），对待不同的贝壳，清洗的方法又有所不同。

本身比较干净的贝壳，像宝螺、谷米螺、榧螺，一些双壳贝等，凡是表面光洁的，只用清水将表面的污垢及壳内冲洗干净即可，最好能用纯净水泡洗，因为自来水里含氯，容易使贝壳表面产生白雾或水印。没这个条件的，那就要在洗好后马上用干布擦干贝壳，才能较好保护光泽。

对有壳皮或附着物较多的贝壳，就要用漂水浸泡，大约20分钟后，观察是否干净，再用温水浸泡10分钟，而后过清水晾干。如果在漂水里浸泡时间过长，会损伤贝壳的色泽。

对有些比较顽固的污垢，漂水也无济于事，就可使用一些除垢剂，像专门清除饮水机用的除垢粉，不伤贝壳又能洁净。

还有一个方法，就是使用牙膏，用牙刷来刷，这个用来清洁蜗牛效果最好。

最忌讳的是酸洗，像草酸、盐酸，洁净效果是不错，但把贝壳本身也杀伤了，光去色死，成了废贝。

清洗后的贝壳，一定要放在通风处晾干后才能存放，如果里面还有水分，容易使贝壳产生水迹。如果贝壳有口盖的，就要在壳口处填上棉花，再将口盖粘好，这个工作就算完成了。

存放与养护

我们收藏贝壳的一个主要目的是观赏和把玩，但是又要避免光线和尘埃等有害因素影响藏品的寿命，所以选择好存放方

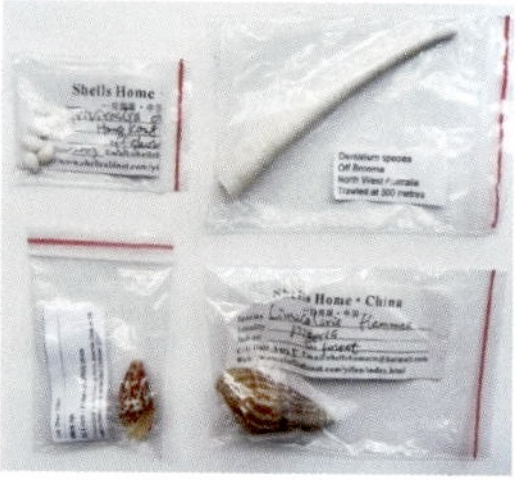
封口袋

法是很重要的。

首先介绍的方法是使用封口袋。

有些收藏者喜欢将贝壳裸放，我觉得不太好。这样固然可以看得更清晰一些，但是不利于贝壳的保护，有时用手拿，手上的脏东西会污染贝壳，或者碰着磕着的。封口袋是透明的，将贝壳装在里面，既不影响观赏，又可有效保护贝壳，同时还可将资料标签一起放在里面，一目了然。

使用透明度好的塑料胶盒。

市面上有专供标本使用的塑胶盒，里面垫上些棉花，将贝壳放在里面也很好。只是这种盒子受各种尺寸限制，没有使用封口袋那么自如，另外成本也高些。

当我们的藏品达到一定数量后，应该搞个专门的收藏柜。可惜目前市面上没有现成的贝壳收藏柜，得向家具商定做。可以根据自己藏品的情况，将收藏柜内部划分成许多大小不同的抽屉，以适合尺寸不同的贝壳存放。收藏柜的材料最好是轻金属或者硬塑，木头的价格可能会便宜些，但木头里释放出来的酸性气体会伤害贝壳，产生“拜恩”病。如果将贝壳放进封口袋再放在木柜子里，这样会好些。

比较专业的做法是，将藏品分门别类放在不同的抽屉里，抽屉上贴上标签和有代表性的贝壳图片，这样存放和查找起来就十分方便了。

收藏盒

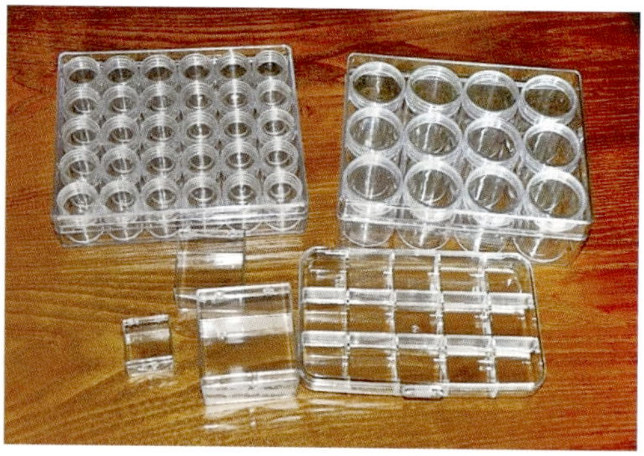

用抽屉收藏
左图：[图片来源：Jose Lietor Gallego（西班牙）]
右图：[图片来源：Jacek Glanc（波兰）]

存放的问题解决了，接下来就要注意日常的养护了。

贝壳看起来是那样坚硬、耐放，可事实上，也有一些因素会致它们于死地。

阳　光

阳光中的紫外线对颜色的破坏最大，尤其对红色和黄色的损伤最严重，所以那些色彩艳丽的贝壳一定要绝对避免阳光照射。如果想把贝壳摆在展示柜里，室内光线过于明亮也不理想。实在没办法，就要弄些遮光布之类的东西来缓解一下。

有些贝壳充分干燥后颜色会淡很多，不时地给它们涂些凡士林或者矽油保持适当的湿度，效果会很好（宝螺、谷米螺等表面光洁的螺不适合此法）。当然，随着时间的推移，贝壳的色彩会越来越淡，这是无法阻止的事情。养护的目的就是让这个过程尽量缓慢，起码在我们的有生之年里不会太严重。

尘　埃

有空气就会有尘埃，尘埃对贝壳的颜色和光泽损害也是很大的。但如果使用了封口袋，这个问题基本可以避免。不过有些比较大型的贝壳很难使用封口袋，时间长了免不了落有灰尘，那就要用柔软的棉布小心抹拭，表面粗糙的贝壳用清水和洗洁精小心洗刷。

含酸的化学品

贝壳的壳质是碳酸钙，对酸性物质敏感。空气中的二氧化碳在温暖潮湿的环境中会与水分产生碳酸气，使贝壳表面产生化学反应，所以要尽量避免贝壳裸露在空气中存放。在潮湿天气时有条件的最好能使用抽湿机或空调器来干燥空气。平时要注意避免像指甲油、油漆、锈铁这样的化学品接触到贝壳。

拜恩病

贝壳也会得病？奇怪吧。一些贝壳时间久了会在表面出现些白色或雾状的物质，用舌头舔舐会有咸酸的味道，最早发表文章提出和描述这种症状的拜恩（Byne）认为这些都是由微生物引起的，拜恩病由此得名并一直沿用至今。现在经过科学的分析化验，已经明确了拜恩病的主因是醋酸和蚁酸，在和贝壳的碳酸钙接触后产生化学反应，生成了醋酸钙或蚁酸钙，引起贝壳表面结痂。尤其在高温和潮湿的条件下，这种症状就更严重，甚至毁掉整个贝壳。

前面已提到过，木质家具是释放酸性物质的主要来源，所以收藏柜最好避免选用木质材料。贝壳在海里生长，如果本身的盐分没有冲洗干净的话，残留的盐分容易吸收空气中的水分，给拜恩病的滋生提供条件。只要我们注意了这两点，再加上使用封口袋，那么拜恩病完全是可以预防的。

对于不幸得了病的贝壳，救治的办法就是用清水浸泡，再用柔软的毛刷轻刷病灶部位，之后用棉布擦干晾放。平时要经常打开收藏柜通风透气，对预防拜恩病也有帮助。

五

贝壳收藏的工具书

CHAPTER FIVE

自17世纪第一本贝壳书籍出版至今，全世界有关贝壳的书可谓汗牛充栋。

这一方面反映了贝类学对软体动物研究和认识的深入和发展，另一方面也反映了贝壳收藏这一项高雅的爱好在全世界日渐普及的蓬勃景象。专业学者的发现和研究，使贝壳收藏有了更多的丰富来源，贝壳收藏市场的繁荣，又给了贝类学发展的充足动力，两者进入了一个良性循环。

面对如此的书山学海，究竟有哪些比较适合我们作指导收藏使用呢？下面就我的经验对几本较实用的工具书作些简单的介绍。

Compendium of Seashells

这本《海贝汇编》，英文版，1982年首次出版，之后一再重印，到1998年止，共出版3版。全书通本用彩色图片，比较详细地逐个介绍了4 200种海洋贝壳，所以国内一般简称“4 200种”。这本书的两位作者罗伯特·塔克雅布和皮特·邓斯都是美国著作等身卓有成就的贝类学家。对全世界许多收藏者来说，这本书被认为是标准的贝壳收藏参考书，是鉴别贝壳的首选书籍。这本书比较全面，不但包括腹足纲，还包括了头足纲、多板纲、掘足纲，特别可贵的是，还有近三分之一的版面是双壳纲。

《海贝汇编》英文版

尽管在2008年另一本海贝全书出版发行，无论在贝壳介绍的数量上还是在图片规模和质量上都有超越，但是“4 200种”的影响还是非常大。

不过由于版权的原因，此书早已不再印刷，现在市场供应的是它的复印版本。

Encyclopedia of Marine Gastropods

这本书的中译应该叫《海生腹足纲全书》，就是上面提到的那本海贝全书，作者阿兰·罗宾。这本书彩图清晰，标本精美，共介绍了5 500种世界各地的海生腹足纲贝类，是目前为止介绍贝壳种类最多的书籍。稍显不足的是文字介绍过于简略了些。

《世界贝类图鉴》

这是一本由台湾学者和收藏者在2005年合作出版的书籍，作者邱郁文、梁安祺，标本提供者黄葛亮。这本书也是通本彩图，共介绍了2 300种世界各地的贝类，包括了海贝的腹足纲、掘足纲、多板纲、头足纲、双壳纲以及部分的陆贝。这本书可推荐的地方是它用中英文双语写作，这对于国内的收藏者不能不说是一个极大的便利。

《贝壳采集鉴定收藏指南》

这本书是由我国年轻的贝壳学家何径先生所著，中文版本，2010年出版。国内近年来也陆续有一些贝壳的书籍出版，但多是学术性的，而何径这本书则是国内第一本面向收藏者的指导专著。该书没有像别的图鉴那样只是堆砌贝壳图片，而是深入浅出，对纷繁复杂的贝类分科系统作了简明扼要的概括，就像一本贝类知识的科普读物，读来轻松有趣。作者还介绍了许多贝壳收藏的基本知识和资料，对刚入门的收藏者很有帮助。

特别值得一提的是由中国友谊出版公司出版的《自然珍藏图鉴丛书》系列里的《贝壳》一书，简称“500种”，是最早将现代贝壳收藏理念传入我国的一本工具书，虽然介绍的贝壳种类有限，但该书插图精美，文字详尽，对我国贝壳收藏的推动功不可没。

六

贝壳收藏的类型和风格

CHAPTER SIX

按收藏的目的，贝壳收藏可以分为两大类。第一类是科研收藏，用于对物种的发现、研究、储藏及资料的汇编等，所以对采集资料和数据的要求很高，至于贝壳漂亮不漂亮无关紧要，这样的收藏者多是研究软体动物及贝类的专家学者。第二类是鉴赏收藏，主要就为了好看、美丽，收藏起来观赏把玩，赏心悦目，我想大多数的收藏者都属于这类，所以本书所讲的收藏类型也是从鉴赏的角度出发。应该说，贝壳收藏是非常个性化的，完全根据个人的条件和喜好，随心所欲。不过根据众多收藏者的收藏实践来看，还是能大致归纳出几种不同的类型或风格来。

综合型

这是较普遍的一种类型。什么贝壳都收，不管是哪一个科属的，只要喜欢就收藏。有一种观点认为，贝壳品种太繁多，要想全部收集齐全几乎是不可能的。新手可以选一个种类作为突破口。我的观点恰恰相反，新手应该从综合型收藏开始比较好。贝壳的种类成千上万，学会鉴别是收藏的最基本要求，不花点时间是掌握不了的。一开始什么贝壳都收藏，就会有比较有鉴别，每一种贝壳的基本特征是什么，就很容易记住。综合型的特点是品种丰富，收藏量大。

专科型

许多收藏者在藏品积累到一定数量后，随着对贝壳认识的加深，开始产生了偏好，再加上财力精力的限制，转而专门收集某一特定科属的贝壳。这样的收集目标明确，容易做精做细。

例如专门收集不同的亚种、型，或者同一个种在不同产地的标本。收集得多了，也就发现了相互之间的差异，那也是十

专科型藏品

[图片(左)来源:贝友陆迷]

[图片(右)来源:Jacek Glanc(波兰)]

分有趣和丰富多彩的。

畸形

一般来说，贝壳收藏也是以珍稀奇丑为上品，畸形即为其一。一枚贝壳在其生长发育过程中，因为受到自然因素或人类因素(如污染)的影响，而长成了跟正常贝壳不一样的形状或花纹。畸形贝壳比之正常贝壳要少之又少，所以要形成收藏规模，也颇显收藏者的功力，故此许多资深的收藏者乐此不疲。

体型畸形

体型畸形

颜色花纹畸变

其他特殊类型

1,2,3. 左旋

4. 寄生

5. 疤痕自愈

6. 天敌攻击

特型

有的贝壳并非一般的畸形，而是特别与众不同，像特大型、侏儒型、船型、黑化、白化、左旋等。

大的东西，一直都是我们主要的审美对象，以大为美。超出一般个体平均尺寸的视为大，比大还要大许多的，比如说大50%的才叫特大。当然这里没有具体的量化标准，全凭感觉和经验。不过还好，收藏界里有个世界之最可资参考。贝壳的“世界之最”由美国人编辑发行，每两年更新一次，上面记录在册的世界上最大的贝壳有9 500种。只要你看到的这枚贝壳的尺寸接近了世界之最，那就一定是特大的了。

船型的贝壳似乎只有宝螺才有。船型是指宝螺底部没像正常那样发育，而是整个变得狭窄而硬结，同时两头的出水

巨人与侏儒

船型与硬结型

1. 金环宝螺 2. 鲨皮宝螺 3. 浮标宝螺 4. 块斑宝螺
5. 网目宝螺 6，7，8. 黄宝螺 9. 紫花宝螺 10. 所罗门宝螺
11. 山猫宝螺 12. 玉兔螺 13. 腰斑宝螺 14. 花猫宝螺
15. 鼠齿宝螺 16. 阿拉伯宝螺 17. 花枕宝螺

黑化型

1. 阿拉伯宝螺 2. 花枕宝螺 3. 清齿宝螺 4. 宽口宝螺
5. 地图宝螺 6. 清齿宝螺 7. 花枕宝螺 8. 花鹿宝螺
9. 花猫宝螺 10. 块斑宝螺 11. 大花枕宝螺 12. 阿拉伯宝螺
13. 小眼宝螺 14. 龟甲宝螺 15. 梨皮宝螺 16. 细齿宝螺

左图：白化型

1. 黑檀宝螺
2. 舞袖涡螺
3. 栗色鹑螺

中图：左旋峨螺

右图：左旋香螺

沟向上翘起，像只小船的形状。如果船型再加上黑化，那就更珍贵。黑化及白化都是因为贝壳的色素发育异常而致，因为稀少，也为许多收藏者所追求。

左旋也就是左旋贝，前面在畸形贝中已提及，这里再多介绍一点。将壳顶向上，壳口对着自己，壳口开在左边的就是左旋贝，贝壳是按逆时针方向生长的。在所有软体动物中，95%以上的贝壳都是右旋贝。只有不到5%的贝壳是左旋贝。但是，这种左旋并非这里所指的特型，像左旋峨螺、左旋香螺。这些都是它们的常态，不稀奇。只有那些本来是右旋贝的品种出现了左旋形态，才叫特型。

据说这种左旋的发生概率是百万分之一，十分珍贵，所以在拍卖会上收藏者们会为这样一枚贝壳争得“面红耳赤”是常有的事。

特型左旋贝

（图片来源：王洋　蔚鹏）

1. 风车峨螺
2. 仿杯螺
3. 石纹宽口涡螺
4. 自抑峨螺

七

贝壳收藏的逸闻趣事

CHAPTER SEVEN

贝壳收藏给收藏爱好者带来了无数精神寄托和愉悦，许多的逸闻趣事，也算得上是贝壳收藏史中的奇珍异葩。下面几则信手拈来，以助兴致。

龙宫翁戎螺的故事

龙宫翁戎螺在翁戎螺中是个体最大也是最漂亮的品种，因而十分珍贵。通过对翁戎螺化石的研究，科学家确定翁戎螺是在5.7亿年前寒武纪时就出现在地球上的海洋生物之一，由于多年来一直没有发现过活体，科学家们一度认为“翁戎螺”在数百万年前就已经灭绝。直到18至19世纪，世界各国的生物学家才先后在西印度群岛、印尼、日本、南非及中美洲海域找到过15种“翁戎螺”的活体。

在1936年和1937年，生物学家们又相继在日本海和菲律宾群岛海域捕捉到了两只“龙宫翁戎螺”，送到东京一家科研所保存和研究。遗憾的是，这两只珍贵的“龙宫翁戎螺”后来却被毁于“二战”的炮火中。

1968年，台湾基隆的一艘渔船驶到东沙群岛捕鱼，打捞起一只他们从未见过的金字塔形的色彩艳丽的大海螺。后经台湾的生物学家确认，这是一只完美无缺的“龙宫翁戎螺”活体。

翁戎螺

楞齿黑兔螺
（图片来源：Guido Poppe）

消息传出，整个台湾岛为之轰动，台湾邮政部门为了纪念这件事情，专门发行了世界上首枚“龙宫翁戎螺”邮票。台湾岛内由此掀起了研究和收藏贝类的热潮。这枚龙宫翁戎螺后来以约40万元台币的价格卖给了日本的鸟羽水族馆，创下了贝壳售价的世界纪录。

失而复得的梦幻宝螺

梦幻宝螺的学名叫楞齿黑兔螺。产自索马里至莫桑比克海域，目前世界上仅有六枚标本，其中四枚由苏联人1970年在非洲海域捕获，另两枚稍后由意大利人在索马里海域捕获。现在，一枚在日本的私人收藏者手里，另外五枚在美国自然历史博物馆。这种宝螺之所以誉满全球，除了它是一种曾经被认为早在2 000万年前便已灭绝了的海螺外，还有它曾被著名大盗窃走，经过了一趟惊险的环球旅行后，再次回到原主人手里。

早在1990年前后，美国的一位华裔贝商陈宏复先生就听闻俄罗斯收藏家手中有一种品种不明的非常美丽的珍稀贝壳。随着父辈早年从福建移居菲律宾谋生，陈宏复从小就在菲律宾长大，并且喜欢上了贝壳收藏。他在作了一番调查后，立即飞往莫斯科。经过一轮讨价还价，便得到了这种珍贵的贝壳。它呈光滑的椭圆形，壳薄而坚硬，开口很大，外唇上布满雕刻感特别强的细密唇齿，通体散发出一种红宝石般炫目的色彩。同时，还有三枚相同的贝壳在另一位苏联贝壳学家手里，在苏联解体后不久，陈也终于如愿购得。之后很快地，这些珍藏就转手到了纽约的美国自然历史博物馆。

可是没过多久，博物馆就发现其中一枚贝壳不翼而飞。这真是非同小可。警方很快将怀疑目标锁定在一位49岁的当地显要人物——马丁·吉尔身上。这个住在迈阿密市郊的贝壳学家，不久前曾应邀为博物馆作过价值评估，最有机会接触到那些价值连城的珍宝，而且其后他还在网络上叫卖一种类似的贝壳。在法庭上，吉尔供认，通过网络，他将这枚贝壳以12 500美元卖给了一个叫圭多·波佩的比利时人。警方顺藤摸瓜，发现比利时人又将这枚贝壳以20 000美元转卖给印度尼西亚一个叫维多多·拉提的收藏者。印尼海关表示，如果有证据能证明这枚贝壳就是美国自然历史博物馆的失物，那么将会原物奉还。于是警方就向陈宏复先生求助。陈对比了他当年拍下的海兔螺照片和印尼收藏家手中的海兔螺，发现了一个关键证据：贝壳上第13枚唇齿稍短。于是这枚贝壳终于有惊无险地回到了博物馆，比利时买家归还了20 000美元，吉尔则锒铛入狱。

全世界曾经最珍稀的50种贝壳

在1969年，美国贝类学家皮特·丹斯（也就是国内最早发行的“500种”贝壳一书的作者）出版了一本书《珍稀贝壳》，介绍了当时被认为是世界上最稀少的、几乎是不可能获得的50种贝壳，不管你多有钱。时至今日，其中许多种类都已很普通或者花少许的钱就能买到，不过要按此名单全部收集齐全，也是一个很大的挑战。

全世界最珍稀的贝壳［图片来源：Bill Frank（美国）］

1. 阿当嵩翁戎螺*Entemnotrochus adansoniana* Crosse & Fischer.1861
2. 可雅那翁戎螺*Perotrochus quoyana* Fischer & Bernardi.1856
3. 纽西兰蝾螺*Astraea heliotropium* Martyn.1784　4. 花棘蝾螺*Angaria sphaerula* Kiener.1838
5. 马丁长鼻螺*Tibia martini* Marrat.1877　6. 金斧凤凰螺*Strombus listeri* T. Gray.1852
7. 牛角凤凰螺*Strombus Taurus* Reeve.1857　8. 紫罗兰蜘蛛螺*Lambis violacea* Swainson.1821
9. 黄金宝螺*Cypraea aurantium* Gmelin.1791　10. 红牡丹宝螺*Cypraea broderipii* G. H. Sowerby.1832

全世界最珍稀的贝壳[图片来源：Bill Frank（美国）]

1. 王子宝螺*Cypraea valentia* Perry.1811　2. 天王宝螺*Cypraea leucodon* Broderip.1828

3. 云斑宝螺*Cypraea nivosa* Broderip.1837　4. 金星宝螺*Cypraea guttata* Gmelin.1791

5. 富东尼宝螺*Cypraea fultoni* G. B. Sowerby.1903　6. 岩石芭蕉螺*Murex alabaster* Reeve.1845

7. 巴克莱骨螺*Murex barclayi* Reeve.1858　8. 艳红芭蕉螺*Murex loebeckei* Kobelt.1879

9. 大犁骨螺*Murex*（*Pterynotus*）*elongates* Lightfoot.1786

10. 比优氏骨螺*Murex beauii* Fischer & Bernardi.1857

全世界最珍稀的贝壳［图片来源：Bill Frank（美国）］

1. 阿拉伯法螺*Cymatium ranzanii* Bianconi.1850　2. 火焰香螺*Busycon coarctatum* G. B. Sowerby.1825
3. 黛尼粉皱螺*Morum dennisoni* Reeve.1842　4. 维氏侍女螺*Ancilla vernedei* G. B. Sowerby.1859
5. 丹尼森蛹笔螺*Vexillum dennisoni* Reeve.1844　6. 艳红蛹笔螺*Vexillum stainforthii* Reeve.1842
7. 百肋杨桃螺*Harpa costata* Linnaeus.1758　8. 绮狮螺*Epitonium scalare* Linnaeus.1758
9. 女神涡螺*Scaphella junonia* Shaw.1808　10. 嘉年华涡螺*Festilyria festiva* Lamark.1811

全世界最珍稀的贝壳 [图片来源：Bill Frank（美国）]

1. 玄琴涡螺*Lyria lyraeformis* Swanson.1821　2. 比优氏涡螺*Lyria beaui* Fischer & Bernardi.1857

3. 金迷人涡螺*Aurinia kieneri* Clench.1946　4. 白兰地涡螺*Volutoconus bednalli* Brazier.1879

5. 王子涡螺*Aulica aulica* G. B. Sowerby.1825　6. 金口涡螺*Cymbiola chrysostoma* Swainson.1824

7. 布尔涡螺*Provocator pulcher* Watson.1822　8. 南非谷米螺*Afrivoluta pringlei* Tomlin.1947

9. 托马斯芋螺*Conus thomae* Gmelin.1791　10. 鹿斑芋螺*Conus cervus* Lamarck.1822

全世界最珍稀的贝壳［图片来源：Bill Frank（美国）］

1. 泰国芋螺*Conus crocatus* Lamaarck.1810　2. 海之荣光芋螺*Conus gloriamaris* Chemnitz.1777

3. 印度海之光芋螺*Conus milneedwardsi* Jousseaume.1894　4. 雪花芋螺*Conus excelsus* G. B. Sowerby.1908

5. 阿当嵩芋螺*Conus adamsonii* Broderip.1836　6. 贵妃芋螺*Conus dusaveli* H. Adams.1872

7. 旋梯螺*Thatcheria mirabilis* Angas.1877　8. 牵华花篮蛤*Fimbria soverbii* Reeve.1841

9. 笋螂*Pholadomya candida* F. Sowerby.1823　10. 猩猩海菊蛤*Spondylus regius* Linnaeus.1758

金斧凤凰螺

在这些贝壳中，还有一些很有趣的故事。

“百年孤独”的金斧凤凰螺

金斧凤凰螺曾是最稀少的凤凰螺。它最早出现在英国的时间是1620年，当时是从印度带回来的唯一一枚，直到1869年，才从斯里兰卡获得第二枚标本，期间经历了200多年的孤独。在随后的十几年时间里，又先后有四枚在缅甸出水。到了20世纪60年代，金斧凤凰螺的栖息习性被熟知后，才被大量捕捞到，渔夫们在泰国和缅甸海域一次就出水超过500枚。尽管供应量一下激增，但收藏者还是愿意以1 000美元一枚的价格来购买。可今天的市场价也就几美元而已。

米浆做的绮蛳螺

绮蛳螺盛产于日本、我国台湾至菲律宾一带，以其独特神奇的精致造型而深得收藏者的喜爱。在18世纪时，其在欧洲市场上的价格要高于红宝石，买一枚绮蛳螺所花的价钱，甚至可以用黄金来打造一枚相同的贝壳同时还镶上钻石。真可谓是千金易得，一贝难求。有据可考的是，奥地利皇后玛利亚的丈夫法兰西斯一世皇帝为买一枚绮蛳螺，就花了四千荷兰盾。据传有个聪明的商人让手巧的中国工匠试着用米浆来仿制绮蛳螺，经过多次试验，最后做成功了，伪造品居然能以假乱真，骗过了不少收藏者。后来有人用洗涤剂来清洗贝壳时，这才发现是个伪造品。今天的绮蛳螺，价格已跟别的普通螺一样了。假如当年那些伪造品还有存世的话，绝对是珍贵的文物。

扑朔迷离的旋梯螺

旋梯螺的命名和认定，经历了一个十分曲折和有趣的过程。

这种螺的产地在日本至菲律宾一带的海域，曾经在将近半个世纪的时间里，全世界只有大英博物馆拥有唯一的一枚标本，以至于许多学者认为它只是一枚畸形贝而忽略了它的存在。但是后来随着这种贝壳的陆续出水，人们才相信它是一个

绮蛳螺

左图：旋梯螺
右图：海之荣光芋螺

“种”。不过由于它的形状过于奇特古怪，在分类上又遇到了纷争。有的学者认为它属于香螺科，另一部分学者则认为是芋螺科，更有人要为它设立新科。到了后来从解剖上研究，才确认它属于捲管螺科。据说欧洲一些宫殿的旋梯就是根据它的造型而设计出来的。

曾经疯狂的海之荣光

在今天来看，海之荣光芋螺已不属珍稀品种。

无论多好的品相，不用100美元就可以买到它。但是它曾有的那种高贵在许多收藏者心目中依然还是那样根深蒂固。这除了它本身确实漂亮外，更多的还是在历史上它曾被疯狂地追捧和热炒。几个世纪以来，海之荣光芋螺自被发现后的存世量只有几十枚。各种各样的流言及拍卖场上天价使得海之荣光变成了耶稣用过的圣杯，人们可望不可求。在1856年就有个讹传甚嚣尘上，说是在1792年的一个拍卖会上，丹麦的芋螺收藏家克里斯・华士在拍得一枚海之荣光后随即当场用脚将它踩得稀烂，以使自己已经拥有的那些海之荣光芋螺更有价值。后来还有个更大谣传，说有一场地震将海之荣光芋螺位于菲律宾附近海域的栖息地已经破坏，可能会使它们很快灭绝。在流言的作用下，市场对海之荣光芋螺的炒作近乎疯狂。在18世纪的一场拍卖会上，许多贝壳拍出的价格远高于杨・斯丁（Jan Steen）

和佛兰斯·华尔斯（Frans Hals）的画作，只比杨·维梅尔（Jan Vermeer）的杰作《读信的蓝衣女人》低一点。

不过，拍下这幅画的那位收藏家接着又花了三倍的价钱，拍下一枚海之荣光芋螺。那么，维梅尔的一幅画在今天的价格是多少？它们最后一次在市场上露面是2004年，价值3 000万美元。

对贝壳收藏历史有影响的人物

玛咖丽（Margaret Cavendish Bentinick，1714—1786），为英国名媛，后为波兰公爵夫人。她拥有万贯家财又极富个人魅力，对贝壳充满了热情和迷恋。她甚至慷慨解囊，资助库克船长进行人类首例环球航行，以便帮助她收集更多的贝壳。她专门聘请林奈的学生为她整理收集到的庞大的贝壳藏品，从而有力地支持了现代分类学的发展。她的收藏室成了伦敦名流的主要交际场所，像英王乔治三世、大学者卢梭，经常是她的座上宾。正是她的影响，贝壳收藏成为了欧洲上流社会的一种时尚和身份象征。

玛咖丽
（图片来源：维基百科）
左图：少女时代
右图：一代名媛

马可斯·塞缪（Marcus Samuel，1853—1927），大名鼎鼎的“壳牌”集团公司创始人。这是位传奇人物，原是名贝壳商人，生意做大后有了自己的船队，专门采集和运输贝壳，并为自己的商号注册了商标，期间还当过伦敦市的市长。之后他将大部分盈利投资到了石油行业，最终成就了一代石油巨头。它的商标至今还是那个简单的大扇贝。

马可斯·塞缪（图片来源：维基百科）

澳大利亚——因贝壳收藏而被改变了命运的大陆

19世纪之初，法国和英国的远征者同时向未知的澳大利亚海岸进发，英国人走得很快，而法国人却远远地落在后面，因为他们的船长更热衷于搜集新品种软体动物而非新大陆，以至于耽误了行程。当两支远征队1802年在澳大利亚南海岸，亦即现在的Encounter Bay会师时，一名法国船员抱怨地告诉英国船长，如果“我们没有花那么多时间捡贝壳、抓蝴蝶，你们不可能在我们前面发现南海岸”。最后，法国人带着他们的标本回去了，而英国人则很快将这个孤独的大陆并入了他们的殖民地版图。

世界各地贝壳俱乐部的徽章

贝壳俱乐部是贝壳收藏者自愿组合的民间社会活动团体，共同的爱好使他们走到一起，讨论研究有关贝壳的话题，相互激励，增长见识。一般的活动包括贝壳展览，藏品拍卖会，以贝壳采集为目的观光旅行，听贝类学家和资深收藏家的演讲，出版自己的贝壳期刊或内部简讯，有的还做一些公益活动，如清理海滩、资助贝类学的研究等。俱乐部采用会员制，每年交纳一定的会费，既可个人参加也可以家庭来参加。贝壳俱乐部世界各地都有，但最为兴盛的是美国，每个州都有俱乐部，州下一些较大的城市也还有自己的俱乐部。有趣的是，这些俱乐

贝壳俱乐部徽章荟萃（图片来源：Tom Rice）

1. 澳大利亚贝类学会　2. 路易斯维尔软体动物学会（肯塔基州）　3. 路易斯安那州贝类学会
4. 吉宝湾贝壳俱乐部（澳大利亚）　5. 新泽西州普贝壳俱乐部
6. 杰克逊维尔（佛罗里达州）贝壳俱乐部　7. 印第安纳波利斯贝壳俱乐部　8. 休斯敦贝类社团
9. 墨西哥湾沿岸贝壳俱乐部（佛罗里达州）　10. 格鲁吉亚贝壳俱乐部（美国）
11. 大圣路易斯贝壳俱乐部　12. 大迈阿密贝壳俱乐部　13. 迈尔斯堡贝壳俱乐部
14. 特拉华州自然历史博物馆（杜邦杯胜者）　15. 捷克贝类学会
16. 克朗波恩特（印第安纳州）贝壳收藏研究会

贝壳俱乐部徽章荟萃

1. 考文垂贝壳俱乐部（罗得岛） 2. 美国南加州贝类俱乐部 3. 波士顿贝类俱乐部
4. 美国贝类学者学会 5. 美国 2002 年贝类学者公约纪念章 6. 美国 2001 年贝类学者公约纪念章
7. 美国贝类学者学会（成立于 1972） 8. 桑科斯特贝类学家（佛罗里达州）2001 年露营纪念章
9. 美国贝类学家学会 10. 滨海弯贝壳俱乐部（得克萨斯州） 11. 克里夫兰（俄亥俄州）贝壳俱乐部
12. 辛辛那提贝壳俱乐部 13. 基督城壳俱乐部（新西兰） 14. 佛罗里达州中部贝壳俱乐部
15. 凯恩斯贝壳俱乐部 16．不详（C.S.A.M.） 17. 布劳沃德贝壳俱乐部（佛罗里达州）
18. 布劳沃德壳牌俱乐部（佛罗里达州） 19. 新泽西州普贝壳俱乐部 20. 英国贝壳收藏俱乐部

贝壳俱乐部徽章荟萃

1. 中国贝类爱好者论坛　2. 北卡罗莱纳州贝壳俱乐部　3. 北阿拉巴马贝壳俱乐部
4. 纽约贝壳俱乐部　5. 新泽西贝壳俱乐部　6. 国有资本贝壳俱乐部（华盛顿区）
7. 那不勒斯贝壳俱乐部（佛罗里达州）　8. 马可岛贝壳俱乐部　9. 南澳贝类学会
10. 古生物研究学会（成立于 1932）　11. 洛杉矶亚太壳俱乐部　12. 西北太平洋贝壳俱乐部
13. 俄勒冈贝类学者学会　14. 北加州软体动物学学会　15. 圣彼得堡（佛罗里达州）贝壳俱乐部
16. 北得克萨斯贝类学会

贝壳俱乐部徽章荟萃

1. 洛杉矶太平洋贝壳俱乐部　2. 萨尼贝尔卡普蒂瓦贝壳俱乐部　3. 圣安东尼奥贝壳俱乐部
4. 菲利普港海湾贝壳俱乐部（澳大利亚）　5. 圣迭戈贝壳俱乐部　6. 费城贝壳俱乐部
7. 棕榈贝壳俱乐部有限公司（哥伦比亚，南卡罗来纳州）　8. 帕尔梅托贝壳俱乐部（南卡罗来纳州）
9. 棕榈滩县（佛罗里达州）贝壳俱乐部　10. 印第安纳波利斯贝壳俱乐部
11. 萨拉索塔贝壳俱乐部（佛罗里达州）　12. 佛罗里达州西南部贝类学会　13. 南佛罗里达贝壳俱乐部
14. 南卡罗来纳州贝壳俱乐部　15. 神秘康涅狄格州贝壳俱乐部　16. 澳大利亚某贝壳俱乐部

贝壳俱乐部徽章荟萃

1. 美国贝类学家优胜杯　2. 桑科斯特贝类学家学会（佛罗里达州）
3. 桑科斯特贝类学家露营纪念章 2007（佛罗里达州）
4. 桑科斯特贝类学家露营纪念章 2003（佛罗里达州）
5. 桑科斯特贝类学家聚会纪念章 1999（佛罗里达州）
6. 桑科斯特贝类学家聚会纪念章 1997（佛罗里达州）
7. 桑科斯特贝类学家聚会纪念章 1995（佛罗里达州）
8. 桑科斯特贝类学家聚会纪念章 1993（佛罗里达州）
9. 桑科斯特贝类学家聚会纪念章 1991（佛罗里达州）　10. 圣彼得堡贝壳俱乐部（佛罗里达州 1936）
11. 宝藏海岸贝壳俱乐部　12. 汤斯维尔（澳大利亚昆士兰）壳俱乐部　13. 长岛贝壳俱乐部
14. 芝加哥贝壳俱乐部　15. 宇航员古道布里瓦德贝壳俱乐部股份有限公司
16. 桑科斯特贝壳俱乐部（佛罗里达州）　17. 布拉佐里亚县海贝收藏学会
18. 灵降临节贝壳俱乐部（昆士兰州）　19. 博尼塔春天贝壳俱乐部（佛罗里达州）
20. 西澳大利亚壳俱乐部

部都设计了自己独特的徽章，收集齐了，也蔚为大观。

除了台湾省，我国大陆目前最大的类似贝壳俱乐部的民间组织叫“中国贝类爱好者论坛”，以网络交流为主要形式，现在会员已超过2 000人。

另外，中国贝类学会成立于1981年，是个专业学者的官方组织，目前也有会员近千人。由于贝类学是门冷门学科，之前的活动不是很活跃。随着贝壳收藏在国内的兴起，这种状况正在发生积极的变化。

最近新版的《中国宝贝总科图鉴》，就是学院派的学者与民间收藏者合作互动的一个学术成果。

贝壳收藏者的道德规范

由于环境污染和气候恶化的影响，许多收藏者更加意识到了保护宝贵的贝壳资源的重要性。贝壳收藏的主要意义在于引导人们对自然的了解和关心，而不是去破坏它，所以贝壳采集

中国贝类爱好者参加清华大学2011年百年校庆的贝展合影

行为一定要有科学的规范。在1972年，由欧洲软体动物学联合会聚集了全世界主要的贝类学家开会，敦促所有会员减少对软体动物的捕捉，并制定了收藏者基本的道德准则。

1. 外出采集时，将你所动过的大小石块或者植被恢复到原先的样子，将所掀开的洞口重新盖好。

2. 主要采集动物死亡后的贝壳，尽量避免捕捉活贝，要不然每种就只捉一枚，在购买时最多只买两枚。

3. 不要在被禁止采集的区域内采集任何贝壳。

4. 不要采集幼贝。

5. 遵守重新造林地区的一切规定。

6. 拒绝购买受国际公约保护的贝类。

7. 旅行时要避免污染环境，保护好海床和海洋生态。

8. 尽量收藏自己采集的贝壳，减少购买次数，尤其是那些来源可疑的贝壳。交换贝壳时，最好要确定对方的贝壳也是符合规范采集的。

9. 贝壳收藏最大的教化意义是将一个自然的世界带给其他人，这是良好的收藏家所必备的意识。

八

贝壳收藏的文化思考

CHAPTER EIGHT

至此，贝壳收藏的入门介绍基本完成。当你开始准备要加入贝壳收藏的时候，你是否仅仅被贝壳美丽的外表所吸引了呢?

在我的思考中，贝壳收藏还隐含了人们潜意识中对自然、对生命的某种渴望和寄托，蕴涵着极其丰富的文化内涵。

贝壳与中国文化

近年来有学者研究认为，货币应起源于人类的生殖崇拜。在远古时代，人类处于母系社会，女权主宰着社会的一切。人类最初对自身的认识是直观的，生命的诞生使他们对性器官非常敬畏崇拜。有些贝类因酷似女性的生殖器，所以这种贝壳在当时是人们敬畏的图腾，认为是使人类得以繁衍生息的圣物。人们将这些“圣物”做成首饰戴在自己的身上，以期得到庇护和保佑。由于这种“圣物”的获得不易，常当作一种财富被氏族首领占有，当氏族成员狩猎丰厚、生殖繁茂或与外族征战有功时，氏族首领就会将一些贝壳赏赐给她的臣民。得到的人，将这看作是一种荣耀，用它作为礼物，送给自己的亲朋好友，或者用以换取兽皮、食物、石器等物件。随着物质的渐渐丰富，人们之间的交换也越来越多，这样贝壳就具有了货币的功能，成为日常生活中交换的一种信物，这就是货币的起源。所以，贝壳就是钱，钱就是贝壳，有贝就有钱，贝是钱祖宗。

贝壳不仅为中国的古代经济立下了丰功伟绩，而且还对中国的文化和风俗，产生了深刻的影响。从现行的中国汉字中，我们可以看到，大多数表示与钱财发生关联的事物或行为的字，都有贝旁。由此可见，贝壳虽小，却集经济历史、传统文化双重含义于一身，成为当今人们富有品味的精神生活中不可或缺的雅件。

认识自然与珍爱生命

地球从一个荒芜之球开始，发展到一定阶段，生命诞生了，再经过一段时间，人类出现了。蒙造物主的恩赐，人是具有高度智慧的生物，能主动地认识世界。只有通过对自然的认识，人才能认识自己。所以对未知的探求，是人类发展的原始动力，也是使人类快乐的源泉之一。当我们认识和得到了一枚新的贝壳，表示我们在对自然的认知领域中又前行了一步，那种快乐和满足是不言而喻的。

生命的美丽与富饶，使人们对生命无限眷恋。可是生命又是何其短暂，时间会让一个活灵的生命很快就烟消云散。世界上任何的其他生命，哪个死后不是化成一堆白骨或者一撮尘末？神奇的是，唯有贝壳，也只有贝壳，死后还能美丽依然！魅力经久不衰！

当然，在自然状态下，软体动物死亡后，那贝壳也会很快被腐蚀掉而化为乌有，正是人们的收藏，使其延长了生命的辉煌！

在历史上，贝壳收藏曾被赋予了神圣的宗教含义。许多收藏者认为这些外表精雕细刻魅力非凡的贝壳，正是上帝的杰作，是上帝存在的明证。贝壳收藏变成一种虔诚的接近上帝的行为，从而也就具有了一种使人类灵魂永生的象征意义。

从贝壳的千姿百态、斑斓色彩和绚丽花纹，我们不由得联想到万物之灵的人类，同样也是大自然的杰作之一，从而对大自然更加充满了敬畏，对“道法自然”的精妙，也更加具象化了。

有时我想，假如在我死后，如果能将我的骨灰烧制成一枚贝壳的形状，那将是多么快慰的一件事情！

九

作者部分的私人珍藏

CHAPTER NINE

宝 螺

Cypraea nebrites 对斑宝螺 26 mm 以色列

Cypraea scurra indica 45 mm 印度宝螺

Zoila rosselli 黑猎帽宝螺 48 mm 澳大利亚

Cypraea porteri 波塔宝螺 52 mm 菲律宾

Cypraea lurida 大四眼宝螺
59 mm 西非

Cypraea stercoraria rattus 家鼠宝螺
47 mm 喀麦隆

Cypraea surinamensis 苏里南宝螺
23 mm 巴西

Cypraea pantherina rasnarasensis 拉氏花豹宝螺 72 mm 埃及

Cypraea vitellus 白星宝螺
71 mm 菲律宾

Cypraea tessellata 棋盘宝螺
28 mm 夏威夷

Cypraea mus 老鼠宝螺
50 mm 哥伦比亚

Zoila decipiens suprasinum 奇龟宝螺 澳大利亚

Zoila venusta episema f. sorrentensis　索棱宝螺　58 mm　澳大利亚

Cribraria exmouthensis rottnestensis　罗腾红棉宝螺　29 mm　澳大利亚

Schilderia achatidea inopinata　歧见玛瑙宝螺　35 mm　塞内加尔

Cypraea notocypraea subcarnea　褪色宝螺　23 mm　澳大利亚

Cypraea sulcidentata 厚重宝螺
38 mm 夏威夷群岛

Cypraea lurida minima 迷尔大四眼宝螺
28 mm 喀麦隆

Cypraea succincta adusta 茶果宝螺
43 mm 桑给巴尔（坦桑尼亚）

Cypraea brevidentata deceptor 超斑宝螺
28 mm 澳大利亚

Cypraea staphylaea nolani 紫鲨皮宝螺
22 mm 马达加斯加

Cypraea bistrinotata sublaevis 滑珠宝螺
20 mm 玻里尼西亚

Cypraea artuffeli 阿土宝螺
18 mm 日本

芋　螺

Conus assimilis f. Fulvobullatus　密肋芋螺
68 mm　菲律宾

Conus batheon　格兰氏芋螺
55 mm　菲律宾

Conus aureus　花黄芋螺
50 mm　菲律宾

Conus zeylanicus　锡兰芋螺
42 mm　莫桑比克

Conus janus 双面芋螺 66 mm 莫桑比克

Conus bullatus 红枣芋螺 52 mm 菲律宾

Conus flocatus 金枣芋螺 63 mm 菲律宾

Conus aurisiacus 彩虹芋螺 46 mm 菲律宾

Conus suturatus 樱花芋螺
38 mm 澳大利亚

Conus crocatus 红花芋螺
39 mm 菲律宾

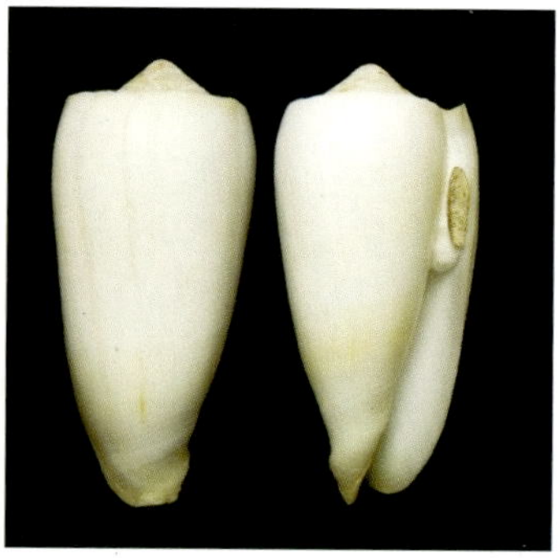

Conus magus（*albino*）僧袍芋螺
白化型 70 mm 菲律宾

Conus furbus 暗色芋螺
白化型 63 mm 菲律宾

Conus frigidus 云霞芋螺
35 mm 菲律宾

涡　螺

这里有个杂交的印度涡螺。从左到右：*harpulina loroisi*　印度涡螺，*harpulina lapponica*　棕线涡螺，后面的是前两者的杂交种　90 mm　印度

Melo amphora　罐形椰子涡螺，深红色壳口，难得的完美　189 mm　菲律宾

Lyria planicostata　扁肋涡螺　60 mm　菲律宾

Lyria kurodai 黑田涡螺 87 mm 越南

Ericusa fulgetra punctisligata 朋克火把涡螺 152 mm 澳大利亚

Amoria hunteri 亨特涡螺 壳上有两道罕见的蓝带 115 mm 澳大利亚

Amoria maculata 纵斑涡螺（白化） 澳大利亚

Volutoconus grossi　可乐涡螺
97 mm　昆士兰

Harpulina arausiaca vexilla
小旗赤金涡螺　66 mm　印度

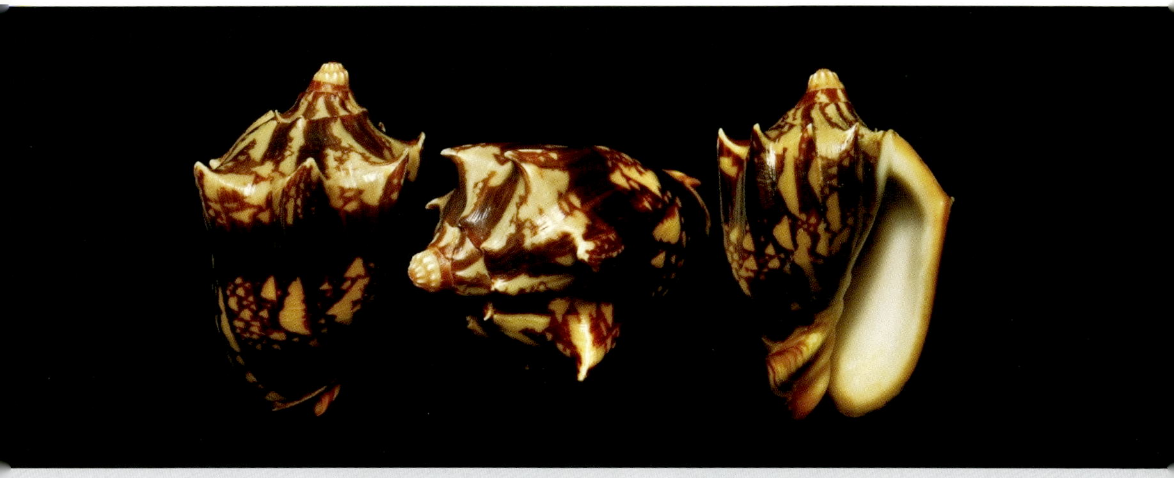

Cymbiola vespertlio　蝙蝠涡螺　80 mm　菲律宾

骨　螺

Pyhllonotus regius　黑口骨螺
103 mm　墨西哥

Vitularia miliaris　百万骨螺
53 mm　菲律宾

Necella lapillus f. castanea　栗色狗骨螺
33 mm　法罗群岛（丹麦）

Hexaplex cichoreum　莴苣骨螺
白化型　95 mm　菲律宾

Murexsul zeteki　翟特骨螺
17 mm　巴拿马

Nucella squamosa　鳞骨螺
纳米比亚

特色螺

Volema myristica　粗梨香螺　47 mm　菲律宾，有趣的规范畸形。

Turbinella pyrum　74 mm　印度　畸形

Papuina pulcherrima 绿瓜蜗牛
40 mm 巴布亚

Papuina pulcherrima 绿瓜蜗牛
38 mm 巴布亚

Papuina pulcherrima 绿瓜蜗牛 41 mm 巴布亚，绿瓜蜗牛生长在雨林高大乔木上，以翠绿得名，它的另一个特点是随着生长在树上不同的位置而呈现不同的颜色：在树端上的是翠绿色，在树干中段的为黄色，在树干靠近地面的为白色。

Nassarius species 不知名织纹螺 37 mm 中国南海，很精致，首次发现，可能为新种。

Cypraecassis rufa　万宝螺　145 mm
中国南海。这也是一个规范畸形的典型。

这是一组有趣的对比，两种螺都是粗梨香螺*Veloma myristica*，都产自菲律宾Olango岛，前一种高螺塔的是畸形，后一种是普通正常的。但是畸形者畸形得很对称，几乎都是一个范，很让人联想这会不会是一种型，国外也确有学者将这种变异称之为型的，不过目前还没被学界大多数人接受，因为这种变异并没有遗传性，仅是后天发育异常所致。

其他螺

Strombus bulla　红袖凤凰螺
58 mm　菲律宾

Cymatium spengleri　皮雕法螺
117 mm　澳大利亚

Astraea heliotropium　纽西兰蝶螺　53 mm　新西兰

Struthiolaria papulosa　大驼足螺
76 mm　新西兰

Halioltis scalaris　旋梯鲍螺
62 mm　澳大利亚

Haliotis laevigata 平滑鲍螺 76 mm 新南威尔斯

Haliotisliotis corrugata 桃红鲍螺 132 mm 墨西哥

Haliotis cyclobates 台风眼鲍螺 45 mm 澳大利亚

Harpa harpa 艳美杨桃螺 53 mm 菲律宾

Oliva reticulata 金唇榧螺 45 mm 菲律宾

Agaronia nebulosa 云斑榧螺 71 mm 印度

Strombus plicatus sibbaldi 阿拉伯弯刀凤凰螺 36 mm 印度

Galeodea echinophora 蟾蜍鼓螺 57 mm 土耳其

Calliostoma selecta 毛利丽口螺 45 mm 新西兰

Neritona labiosa 阔唇蜑螺 48 mm 印尼 爪哇

Fasciolaria hunteria 飘带旋螺
62 mm 墨西哥

Strombus oldi 阿拉伯凤凰螺
118 mm 索马里

Colubraria tortuosa　扭弯布纹螺
40 mm　大溪地

Cassis fimbriata　西澳唐冠螺
110 mm　澳大利亚

Bursa awatii　广口蛙螺
60 mm　菲律宾

Cassis tuberosa　黑嘴唐冠螺
170 mm　巴西

Vasum cassiforme　皇冠拳螺　96 mm　巴西

Scalptia mercadoi　腰带核螺　28 mm　菲律宾

Pseudoliva plumbea　铅色榧螺　38 mm　安哥拉

Triumphis subrostrata　铅锤峨螺　危地马拉

Mitra eremitarum 纵斑笔螺
61 mm 菲律宾

Babylonia perforata 有齿凤螺
83 mm 中国东海

作者采集的陆贝、淡水贝

Camaena cicatricosa 皱疤坚螺
62 mm 广西

Camaena inflata 胀皱坚螺
58 mm 广西

Cyclophorus songmaensis　宋迈山蜗牛　52 mm　广西

Cyclophorus indicus　印度山蜗牛　48 mm　广西

Pollicaria gravida　大肚豆蜗牛　38 mm　广西

Siamopaludina maekkoki　梅柯田螺　33 mm　百寿河　广西

Camaena hainanensis xanthooderma　海南坚螺　35 mm　广西

Margarya mansuyi　光肋螺蛳　60 mm　抚仙湖　云南

Margarya yangtsunghaiensis　阳宗海螺蛳　56 mm　阳宗海湖　云南

Camaena haematozona　红带坚螺　29 mm　广西

Cryptosoma imperator　帝王拟阿勇螺
36 mm　广西

Coniglobus albida　多变高腰蜗牛
20 mm　广西

Dautzenbergiella mansuyi　孟氏烟管螺
25 mm　广西

Tropidauchenia orientalis messageri
麦斯烟管螺　25 mm　广西

Grandinenia unicolor 单色斜管螺 这螺作者于2005年采集于广西都安，德国学者Nordsieck于2012年予以命名 33 mm 广西

Pulvinaris pulvinaris 平顶瞳孔蜗牛
22 mm 广西

Pterocyclus tenuilabiatus 短唇山蜗牛
18 mm 广西

Rhiostoma housei 豪斯环口螺
16 mm 广西

Cyclophorus zebrinus 斑马山蜗牛
46 mm 广西

Cyclophorus elegans　黑斑圆口螺
38 mm　广西

Calybium mouhoti　细珠鲳蜗牛
12 mm　广西

Phaedusa lypra　莱普拉管螺
23 mm　广西

Oospira zhaoyifani　赵氏蜗牛
30 mm　广西

参考文献

INTRODUCTION

[1] 邱郁文，梁安琪. 世界贝壳图鉴[M]. 台湾：良泓实业，2005.

[2] 何径. 贝壳采集鉴定收藏指南[M]. 德国：德国ConchBooks出版社，2010.

[3] 谢伯娟. 蜗牛不思议[M]. 台湾：远流出版社，2004.

[4] 维基百科，http：// Wikipedia.org.

[5] 软体动物学家之角，http：// www.elrincondelmalacologo.com / 西班牙.

【有关作者】
About the author

作者赵一凡，广东省作家协会会员。

2001年开始贝壳标本收藏，为国内资深贝类收藏家。 现在个人贝壳藏品共约2 000种上万枚。在全球目前已知的约三万种陆地蜗牛中，有一枚是以作者的姓名来命名的：*Oospira zhaoyifani*，Grego & Szekeres.2008 中文称作“赵氏蜗牛”或“一凡烟管螺”（插图赵氏蜗牛）。这种蜗牛是作者2005年在广西山区最先采集到，由斯洛伐克的软体动物学家Grego博士及其合作者Szekeres在2008年完成鉴定命名。

赵氏蜗牛

作者在整理贝壳 ［摄影者：小羔羊（北海365网）］

作者夫妇与澳洲贝商阿庄先生

作者和美国贝商罗伯特先生

作者和上海的贝壳学家何径先生2010年在北海

Shell

贝 壳 鉴 赏 与 收 藏 入 门